Mosaik
bei GOLDMANN

Buch

In diesem Buch zeigt der Finanzexperte Bernd W. Klöckner jungen Sparern das Geld-Know-how. Jugendliche, Auszubildende und Kleinsparer werden mit Zahlen vertraut gemacht, bekommen ein Gefühl für den Wert des Geldes und erfahren die entscheidenden Strategien auf dem Weg zur ersten Million. Der praktische und unterhaltsame Geldunterricht informiert über geeignete Anlageformen, mit denen langfristig ein Vermögen angespart und für die Zukunft vorgesorgt werden kann. Dazu gibt's ein kleines Geldlexikon, Tipps für lohnende Fondsanlagen und Internetadressen für wichtige Geldinfos.

Autor

Bernd W. Klöckner gehört zu den gefragtesten Finanz- und Erfolgstrainern für Finanzdienstleister und Verbraucher. Der Diplombetriebswirt ist Verfasser zahlreicher Bestseller. Sein langjähriges Spezialgebiet ist das Geldtraining für finanzielle Unabhängigkeit.
(mail@berndwkloeckner.de)

Von Bernd W. Klöckner außerdem bei Mosaik bei Goldmann:

Systematisch reich! (16270)
Systematisch reich mit Aktienfonds! (16327)
Frauen und Geld (16332)
Die Magie des Erfolges (16330)
Reich ohne Risiko (16448)

BERND W. KLÖCKNER

Mit Taschengeld zum Millionär

Das Lehrbuch
zum Reichwerden

Mosaik
bei GOLDMANN

Originalausgabe

Umwelthinweis:
Alle bedruckten Materialien dieses Taschenbuches
sind chlorfrei und umweltschonend.

Originalausgabe März 2002
© 2002 Wilhelm Goldmann Verlag, München,
ein Unternehmen der Verlagsgruppe Random House GmbH
unter Verwendung folgender Fotos:
Umschlag: Manfred Riege, Fotostudio, Nassau
Redaktion: Birgit Hahn
Satz: Uhl + Massopust, Aalen
Druck: GGP Media, Pößneck
Verlagsnummer: 16391
Kö · Herstellung: Max Widmaier
Printed in Germany
ISBN 3-442-16391-9
www.goldmann-verlag.de

1 3 5 7 9 10 8 6 4 2

Gewidmet…

Anna, die, während das Manuskript zu diesem Buch beendet wird, sich vorbereitet, um in wenigen Tagen auf die Welt zu kommen. Anna, ich kann es kaum erwarten und freue mich riesig, dich bald im Arm zu halten.

In der Hoffnung…

dass für meine Töchter Anna und Johanna sowie alle anderen Kinder und Jugendlichen Geldunterricht eines Tages ein Spaß bringendes und motivierendes Unterrichtsfach an Schulen sein wird.

INHALT

Zu diesem Buch   9

**Teil I: Geld-Know-how und persönliche Voraussetzungen
für Reichtum** 13
  1. Kleine Geschichte des Geldes 15
  2. Taschengeld, Sparen und einmalige Geldchancen 17
  3. Persönliche Voraussetzungen für zukünftige
     Millionäre 19
  4. Auf dem Weg zum Millionär – Wie ein 16-Jähriger
     seine Einstellung zu Geld und Geldverdienen
     in einer Woche änderte 22
  5. Geld braucht Ziele, Bilder und Visionen 27
  6. Zins – Der Preis für Ihr Geld 32
  7. Das Geheimnis von Zins und Zinseszins 34
  8. Inflation – Wie Geld an Wert verliert 37
  9. Die Macht der Vermehrung 41
 10. Die drei Geldbausteine für Millionäre 45

Teil II: Geldgesetze für Reichtum 48
  1. Der wichtigste Geldgrundsatz 49
  2. Drei Geldgesetzmäßigkeiten für Millionäre 50
  3. Das Geheimnis des richtigen Geldprogramms 53
  4. Der richtige Umgang mit Geldschwächen 56
  5. Geld und Kredite 58
  6. Konsumglück und Kreditschmerzen 60
  7. Wie teuer es sein kann, über seine Verhältnisse
     zu leben 63
  8. Konsum, die Kunst des Loslassens und die
     14-Tage-Regel 66
  9. Wie sinkende Ausgaben Ihr Vermögen erhöhen 68
 10. Trennen Sie Sparen und Konsumieren 73
 11. Zwei Geldgefühle, die jeden Millionärstraum
     verhindern 78

Teil III: Strategien zur ersten Million 81
1. Mit Kindergeld zum Millionär 83
2. Mit »Spaßgeld« zum Millionär 85
3. Mühelos reich werden – Das Geheimnis des
   2-Jahres-Vermögens 87
4. Wie viel Geld geben Sie pro Woche unbewusst aus? ... 94
5. Mit täglich 3 Euro langfristig über 6 Millionen
   kassieren 96
6. Millionen statt »Blauer Dunst« 98
7. Sie dürfen niemals alles verlieren! 101
8. Lieber langweilig reich als spannend arm werden 103
9. Heiße Geldtipps kontra solide Sparverträge 109
10. Das Geheimnis der VIM-Formel 112
11. Ihr ganz persönlicher Reichtumsplan 114

Teil IV: Rund ums Geld, Finanzprodukte
und Finanzberater 123
1. Welche Geldanlagen langfristig den größten Gewinn
   bringen 125
2. Die magische Zahl 72 128
3. Finanzprodukte und was Sie darüber wissen müssen .. 131
4. Ausbildungsfinanzierung – Wichtige Tipps
   für künftige Millionäre 145
5. Fünf Checkfragen für sichere Aktiengewinne 149
6. Sichern Sie sich ab 151
7. Der 30-Sekunden-Finanzberatertest 153
8. Taschengeld ist kein Erziehungsgeld 155
9. Fordern Sie Geldunterricht an Schulen! 163
10. Das Internet als Informationsquelle 168

Viel Spaß beim Reichwerden 170

Anhang
Kleines Geldlexikon 175
Fondsempfehlungen 182
Geldbücher, die man lesen sollte 183

Register 185

ZU DIESEM BUCH

Zunächst einmal möchte ich Ihnen gratulieren. Sie sind – wahrscheinlich – noch ein junger Mensch, und entweder wurde Ihnen dieses Buch geschenkt oder Sie haben es sich selbst gekauft. War es ein Geschenk, so haben Sie, das werden Ihnen die folgenden Kapitel zeigen, allen Grund, der Person zu danken, die es Ihnen geschenkt hat. Diese Person meint es gut mit Ihnen. Sie gibt Ihnen nämlich eine einmalige Chance, so früh wie möglich wichtiges Geldwissen zu erlernen und dieses Geldwissen sowie die vielen verblüffend einfachen Geldstrategien auf dem Weg zum Millionär sofort erfolgreich umzusetzen. Damit sind wir bereits beim wichtigsten Thema dieses Buches: Sie verfügen über das wichtigste Gut, den wichtigsten Gewinnerfaktor, den Menschen haben können, wenn es ums Geld geht:

ZEIT

Sie sind noch sehr jung und haben somit noch sehr viel Zeit.

Was meinen Sie, hätten Ihre Eltern bei Ihrer Geburt einmalig an Kapital anlegen müssen, damit Sie mit 40, 50 oder 60 Jahren Millionär wären?

Stellen Sie sich vor, Ihre Eltern, Ihre Großeltern, Onkel und Tanten hätten bei Ihrer Geburt alle zusammengelegt und einmalig einen bestimmten Betrag in eine erfolgreiche Geldanlage, auf die ich in diesem Buch noch zu sprechen komme, angelegt. Wie viel hätte angelegt werden müssen, damit Sie eines Tages Millionär wären? Bei dieser kleinen Übung geht es nur darum, Ihr Zahlengefühl zu testen. Sie brauchen, um Ihre Schätzung abzugeben, keinerlei Geldkenntnisse. Überlegen Sie kurz und schätzen Sie dann die Zahlen. Bitte spielen Sie dieses kleine Geldspiel gemeinsam mit mir. Es ist wichtig, die Zahlen zu schätzen. Wenn Sie Geschwister haben, erklären Sie ihnen, worum es geht und lassen Sie sie ebenfalls schätzen.

Geld-Know-how der Erwachsenen

Interessant ist es, wenn Sie auch Ihre Eltern fragen. Möglicherweise wollen sie nicht mitmachen (Erwachsene blamieren sich schließlich nicht gerne und geben nur ungern zu, dass sie etwas nicht wissen), dann erklären Sie Ihren Eltern, dass es einfach um eine Schätzung geht. Es geht nicht darum, die richtigen Zahlen zu nennen (was ohnehin nur schwer möglich ist). Es geht einzig und allein um Ihr Zahlengefühl, das Zahlengefühl Ihrer Geschwister und Ihrer Eltern. Also: Bitte lesen Sie erst dann weiter, wenn Sie und gegebenenfalls andere Mitspieler die drei Zahlen unten eingetragen haben.

Notwendige Einmalanlage …

_____ Euro, um mit 40 Jahren Millionär zu sein

_____ Euro, um mit 50 Jahren Millionär zu sein

_____ Euro, um mit 60 Jahren Millionär zu sein

Hinweis: In diesem Buch werde ich Sie immer wieder einzelne Zahlen zu verschiedenen Beispielen schätzen lassen. Nutzen Sie jede dieser Gelegenheiten, um Ihr Geldgefühl entweder alleine, mit Freundinnen und Freunden oder vielleicht sogar im Mathematikunterricht zu testen. Nun zu Ihren Schätzungen. Sie haben eine Zahl eingetragen? Dann möchte ich Ihnen die Lösung verraten. Diese Lösung gilt für den Fall, dass die von Ihren Eltern ausgewählte Geldanlage jedes Jahr rund zehn Prozent Gewinn (Profis sprechen in diesem Zusammenhang von Rendite) bringen würde. (Mehr zu den Begriffen Zins, Zinseszins und Rendite in Kapitel 7 »Das Geheimnis von Zins und Zinseszins«.)

Lösung

Wenn Sie mit 40 Jahren bereits Millionär (1 Million Euro) sein wollen, hätten Ihre Eltern und Verwandten bei Ihrer Geburt 22 000 Euro anlegen müssen. Wenn Sie mit Ihrer ersten Million (in Euro) bis 50 Jahre warten können, wären lediglich 8500 Euro notwendig gewesen und die erste Million mit 60 Jahren hätten Sie erreicht, wenn Ihre Eltern zur Geburt lediglich 3300 Euro investiert hätten.

Die Macht der Vermehrung

Ist das nicht unglaublich? Klar, in 40, 50 oder 60 Jahren kann man sich vielleicht für eine Million nicht mehr das alles kaufen, was man sich heute für diesen Betrag leisten kann. Geld wird im Laufe der Jahre immer weniger wert. Profis sprechen hier von Inflation (dazu später mehr). Unglaublich, aber wahr ist es in jedem Fall, dass in 40 Jahren aus 22 000 Euro eine Million Euro werden können. Stellen Sie sich das einmal vor: Ausbildung, gegebenenfalls Studium bis zum 25. Lebensjahr, dann noch 15 Jahre bis zum 40. Geburtstag und Sie hätten eine Million Euro auf dem Konto. Das ist der Grund, wieso dieses Buch so wichtig für Sie ist. Wieso Sie es an Freunde, Bekannte, Eltern oder Lehrer weiterempfehlen sollten, die die in diesem Buch genannten Geldtricks und Geldregeln wieder anderen Jugendlichen verraten.

Zeit ist Geld

Um es zu wiederholen: Sie besitzen, je jünger Sie sind, den wichtigsten Faktor, um eines Tages ein großes Vermögen zu besitzen: ZEIT. Vielleicht haben Sie den Spruch »ZEIT IST GELD« schon einmal gehört. Die Beispiele beweisen es: Zeit ist wirklich Geld! Das werde ich Ihnen mit vielen, teils verblüffenden Rechnungen in diesem Buch noch mehrfach demonstrieren.

Mit Taschengeld Millionär zu werden ist auch für jeden möglich, der bereits 25, 30 oder 35 Jahre alt ist. Dann kommt es jedoch entscheidend darauf an, die in diesem Buch genannten, verblüffend einfachen, aber wirkungsvollen Geldstrategien umso konsequenter unmittelbar umzusetzen.

Ich wünsche Ihnen nun viel Spaß beim Lesen dieses Buches. Ich wünsche Ihnen, dass Sie die Kapitel mit Ihren Freunden oder in der Schule heftig diskutieren. Verlangen Sie, fordern Sie Geldunterricht. Sie alle kennen den Ausspruch: »**Nicht für die Schule, für das Leben lernen wir.**« Wenn die Erwachsenen, die Ihnen gegenüber solche Sätze zitieren, es wirklich ernst meinen, gehört das Thema Geld und der richtige Umgang mit Geld in jedem Fall zum Lernen für das Leben. *Die Botschaft lautet also:* **Fordern Sie Geldunterricht an Ihrer Schule.** Denn Geldfehler, die Sie in jungen Jahren begehen, sind die teuersten Fehler, die Sie jemals machen können.

Viel Spaß auf Ihrem Weg zum Millionär!

Ihr
Bernd W. Klöckner

TEIL I

Geld-Know-how und persönliche Voraussetzungen für Reichtum

KAPITEL 1

Kleine Geschichte des Geldes

Jeder von Ihnen wird wahrscheinlich entweder ein Girokonto oder aber ein Sparkonto bei einer Bank haben. Aber warum bringen Menschen ihr Geld eigentlich zur Bank, anstatt es untereinander zu verleihen? Seit wann gibt es überhaupt Banken und warum?

Erste Stadtspeicher und Münzhandel

In Geschichtsbüchern ist nachzulesen, dass es erste »Stadtspeicher« bereits bei den alten Ägyptern gab. Bei diesen Stadtspeichern ließen die Kaufleute Ägyptens ihre Konten führen. Münzen wurden dann in Griechenland eingeführt. Es entstand der Beruf der so genannten »Trapeziten«. Deren Aufgaben waren die Münzprüfung und der Geldwechsel.

Die ersten Banken

Die ersten richtigen Banken gab es im alten Rom. Spannend wurde es im Mittelalter. Die Kirche der Christen verbot es ihren Gläubigen, von Geldleihern Zinsen zu nehmen. Da es aber nun bereits das Geld und den Geldhandel gab, war die Folge: In den so genannten Wechselstuben saßen ausschließlich Juden und Syrer. Der Handel mit Geld brachte durchaus hohe Profite, und so wurden diese Juden und Syrer oft sehr reich, was wiederum die Christen ärgerte und die Juden und Syrer bei diesen in Verruf brachte.

Amerika und die Entdeckung des Geldes

Dann folgte die Entdeckung Amerikas, und es gelangte in großen Mengen Silber nach Europa. Zum ersten Mal in der Geldgeschichte wurden nun aus Silber Münzen geprägt. Möglicherweise ist dem einen oder der anderen aus dem Geschichtsunterricht der Name der Familie Fugger bekannt. Die Fugger-Familie war in dieser Zeit maßgeblich am Silber- und Kupferabbau beteiligt und wurde dadurch sehr reich. So reich, dass die Wahl des deutschen Kaisers Karl V. im Jahr 1519 größtenteils durch die Fugger finanziert wurde. Im 16. Jahrhundert kam es dann zur Gründung der Banken, die mit unseren heutigen vergleichbar sind. Es waren erstmals Banken, die für die Kaufleute mehr taten, als nur Geld zu verwalten. Erstmals wurden auch Überweisungen durchgeführt, also letztlich so gearbeitet, wie es heute – bis zur Einführung des Online-Banking – üblich war. Der Name »Bank« kommt von »banco«. Das ist die italienische Bezeichnung für den langen Tisch, an dem Geldwechsler sitzen bzw. früher saßen, um mit ihren Kunden Geschäfte zu machen. Soweit der kleine Rückblick in die Geschichte des Geldes.

KAPITEL 2

Taschengeld, Sparen und einmalige Geldchancen

Ich verstehe, wenn junge Menschen um systematisches Sparen einen großen Bogen machen. Schließlich gibt es jede Menge Dinge, die auf den ersten Blick interessanter sind, als sich mit ernsthaften Geldgedanken zu beschäftigen. Jeden Monat gibt es andere spannende Dinge zu kaufen. Immer wieder etwas Neues, von dem man glaubt, es unbedingt haben zu müssen. Das ist einerseits richtig, kann andererseits womöglich – unabhängig vom Reichtum, den man ansparen könnte – eines Tages dazu führen, dass man Millionen verliert. Dass man die größte Gewinnchance seines Lebens verpasst. Dann nämlich, wenn Sie zum Beispiel in einigen Jahren eine hervorragende (Unternehmens-)Idee haben, mit der Sie Millionen machen könnten, aber kein oder nur zu geringes Eigenkapital, um diese Idee in die Tat umzusetzen. Schließlich kosten Ideen und deren Umsetzung zu Beginn oftmals jede Menge Geld. Am besten erzähle ich Ihnen dazu eine wahre Geschichte. So viel vorab: Die Hauptpersonen in dieser Erfolgsgeschichte hätten gut daran getan, frühzeitig im Leben ein Vermögen anzusparen, um später ihre Idee umsetzen zu können.

In den Achtzigerjahren stand ein gewisser Scott, ein passionierter Eishockeyspieler aus Minnesota, im Sommer in einem Secondhandladen und fand durch Zufall in allerlei Gerümpel eine wirkliche Kuriosität. In den Händen hielt er Rollschuhe der ganz besonderen Art: statt wie üblich nebeneinander waren die Rollen hintereinander angeordnet. Scott suchte ohnehin nach einer Lösung, um auch im Sommer Eishockey spielen zu können. Der Verkäufer wiederum war glücklich darüber, diese Staubfänger loszuwerden. Er nannte die Anordnung der Rollen ganz stolz »In line«. Sie ahnen womöglich, was folgt: Scott und sein Bruder bastelten in den kommenden Wochen Tag und Nacht. Scott erwarb das auf die Firma Chicago Skates angemeldete Patent. Dann tauchten Schwierigkeiten auf: Die Rollen verdreckten schnell. Dreck störte in den Kugellagern und so weiter. Geld für die Weiterentwicklung war jedoch keines da. Scott und sein Bruder beschlossen, die Rechte an dem Produkt zu verkaufen. Zum Zeitpunkt des Verkaufs nutzten rund 20000 Amerikaner die Scotts-Roller. Heute sind es viele dutzend Millionen verkaufte Exemplare. Der Käufer der Rechte war ein gewisser Robert Naegele. Er zahlte 100000 Dollar für die Rechte an die Scott-Brüder und wurde später, als er selbst die Firma wieder verkaufte, steinreich!

Die Botschaft für Sie lautet: Sie wissen nicht, ob Sie in einem Jahr oder vielleicht in zehn Jahren eine zündende Idee haben werden, die Ihnen ein Millionenvermögen bringen kann. Doch was Sie bereits heute wissen ist: Wenn dieser Tag kommen sollte, wird es gut sein, dass Sie Geld genug haben, um sich ganz auf Ihre Idee konzentrieren und Ihre Idee umsetzen zu können.

Sparen Sie »Ideengeld«

Immer dann, wenn Sie ab heute sparen, denken Sie daran, dass der Betrag, den Sie soeben zur Seite legen, vielleicht eines Tages mit dazu beiträgt, dass Sie Ihre Ideen, vielleicht die Gründung eines eigenen Unternehmens, umsetzen können. Damit haben Sie eine der wichtigsten Voraussetzungen für den richtigen Umgang mit Geld und Sparen geschaffen: Sie haben, wenn es bislang noch keines gab, ein Ziel!

KAPITEL 3

Persönliche Voraussetzungen für zukünftige Millionäre

Finanzielle Bildung

Viele Kinder und Jugendliche träumen von einem Leben mit möglichst wenig Arbeit, möglichst wenig Pflichten und natürlich jeder Menge Geld. Dann kommen die Eltern und mahnen nicht selten: »Such dir einen ordentlichen Beruf«, »Sieh zu, dass du etwas Anständiges lernst«, »Achte darauf, dass du einen sicheren Arbeitsplatz hast.« Bei diesen Botschaften ist es verständlich, dass sich so manche Jugendliche gegen die durchaus gut gemeinten Ratschläge der Eltern und Erwachsenen wehren. Sicherheit durch ein möglichst geregeltes Einkommen ist die Lebensdevise vieler Eltern, und damit vermitteln die Erwachsenen nicht selten ein falsches Bild in Sachen Geldeinstellung. Fatal: Auch in der Schule gibt es kein Unterrichtsfach Geld. Sicherlich, es gibt Wirtschafts- und Sozialkunde und in mancher Klasse wird mit Begeisterung an einem Börsenspiel teilgenommen. Doch damit decken die Schulen vielleicht das Thema »Faszination Aktie« ab, nicht jedoch das Thema »Finanzielle Bildung«. So machen viele hunderttausend Menschen jedes Jahr von neuem denselben Fehler: Sie laufen dem Geld hinterher, vergessen jedoch dabei die finanzielle Bildung. Dabei gilt:

Reich werden kann jeder lernen

Die wichtigste Botschaft dabei lautet: Reich werden hängt nicht vom Einkommen ab. Sonst gäbe es nicht so viele Ärzte, Banker, Rechtsanwälte, Steuerberater, die nicht nur in der Schule stets ausgezeichnete Noten nach Hause brachten, sondern zudem hervorragend verdienen und trotzdem arm sind. Als wichtigste Lektion gilt daher: Reiche Menschen arbeiten niemals nur für Geld. Wer stets nur für Geld arbeitet, kommt niemals auf Gedanken, wie er sein Geld für sich arbeiten lassen kann. Und genau das ist das Geheimnis der Reichen: Reiche Menschen arbeiten nicht für ihr Geld. Reiche Menschen lassen ihr Geld für sich arbeiten, während arme Menschen und Menschen des so genannten Mittelstandes ausschließlich, Jahr für Jahr, Jahrzehnt für Jahrzehnt, für ihr Geld arbeiten.

»Lebenseinkommen« und wie man sein Geld für sich arbeiten lassen kann

Menschen, die reich geworden sind, hatten nie nur das Ziel, fleißig für ihr Geld zu arbeiten, stets darauf zu achten, dass sie eine sichere Stelle haben, um dann irgendwann anzufangen, sich über die eigene Rente Gedanken zu machen. Wenn ein 25-Jähriger so denkt und sonst keine klaren Ziele hat, kann er sich sein finanzielles Ziel schnell selbst ausrechnen. Nehmen wir an, er verdient im Durchschnitt über die nächsten 40 Jahre jeden Monat 3000 Euro netto (bei Berufsbeginn natürlich weniger, später mehr. Im Durchschnitt jedoch die genannten 3000 Euro). Das sind bis zur Rente

$$3000 \text{ Euro} \times 12 \text{ Monate} \times 40 \text{ Jahre}$$

$$= 1\,440\,000 \text{ Euro}$$

1,44 Millionen Euro werden im Laufe dieser 40 Arbeitsjahre mühevoll zusammenverdient. Und zum Schluss ist kaum etwas von diesem »Lebenseinkommen« übrig. Das meiste Geld ist draufgegangen für irgendwelche Dinge, die gekauft wurden, für viele kleine, unnötige Dinge und manche große wie für das eigene Häuschen oder etwas Ähnliches.

Das ist ein Beispiel dafür, wie jemand 40 Jahre ausschließlich für sein Geld arbeitet. Wer die Gesetze des Reichwerdens jedoch kennt und anwendet, lässt in dieser Zeit, also über die 40 Jahre, sein Geld auch für sich arbeiten.

Die Botschaft lautet: Arbeiten Sie nicht nur ein Leben lang für Ihr Geld. Machen Sie es wie reiche Menschen: Lassen Sie Ihr Geld ein Leben lang für Sie arbeiten. Tag für Tag, 24 Stunden lang, ohne Unterbrechung.

Die magische 10-Prozent-Regel und die Chance, mühelos fünffacher Millionär zu werden

Würde unser 25-Jähriger monatlich lediglich 10 Prozent seiner durchschnittlich 3000 Euro sparen, also 300 Euro, besitzt er mit 65 Jahren, also zu Beginn der Rente, ein Vermögen – je nach Rendite der gewählten Geldanlage – zwischen 1,5 und 3 Millionen Euro. In guten Zeiten können es sogar 5 Millionen Euro werden. Genau das ist der Unterschied zwischen reichen und armen Menschen. Zwischen reichen Menschen und dem so genannten Mittelstand. Für arme Menschen und Menschen des Mittelstandes geht es vorrangig um Sicherheit und ein geregeltes Einkommen. Das ist zwar ehrenwert, dennoch führt diese Einstellung nur in ganz seltenen Fällen zu Reichtum, zu Millionen. Am Ende des Arbeitslebens werden dann durchschnittlich zwischen einer und zwei Millionen Arbeitseinkommen verdient und ebenso viel ausgegeben worden sein. Reiche Menschen dagegen überlegen auf der Grundlage finanzieller Bildung, wie sie in der Zeit des aktiven Arbeitslebens mit ihrem Geld arbeiten können. Wie bereits oben genannt: Tag für Tag, 24 Stunden lang.

Die Botschaft, die alles entscheidende Botschaft lautet: Reich werden kann man lernen. Jeder – gleich ob bettelarm oder mit geringem Einkommen – kann lernen, reich zu werden. Als Erstes gehört dazu ein bestimmtes Maß finanzieller Bildung, dann geht es darum, mit Geld zu arbeiten, Geld für sich selbst arbeiten zu lassen. Reiche Menschen und solche, die es sein wollen, verwenden das Lebenseinkommen dazu, um auf der Grundlage der wichtigsten Geldgesetze intelligent ein Vermögen zu machen.

KAPITEL 4

Auf dem Weg zum Millionär –
Wie ein 16-Jähriger seine Einstellung zu Geld
und Geld verdienen in einer Woche änderte

Hin und wieder nehme ich Praktikanten in meinem Unternehmen an. Oft sind dies Töchter oder Söhne von ehemaligen Seminarteilnehmern. Diese jungen Leute bewerben sich meist aus einem Grund: Sie wollen möglichst schnell lernen, wie man viel Geld macht. In der ersten Zeit wird es meist richtig spannend. Dann nämlich, wenn diese jungen Menschen lernen, dass es bestimmte Voraussetzungen gibt, um »geldwert« zu sein, das heißt, um einen Preis für die eigene Arbeit verlangen zu können. Zu diesen Voraussetzungen gehören Zuverlässigkeit, Disziplin, Pünktlichkeit. Egal, was Sie als (junger) Leser über diese Begriffe denken mögen, diese drei Eigenschaften entscheiden maßgeblich über Ihren Erfolg auf dem Weg zum Millionär. Anstatt weiterer theoretischer Ausführungen möchte ich Ihnen im Folgenden die Praktikumseindrücke von Alexander wiedergeben. Er arbeitete eine Woche in unserem Unternehmen mit.

Frühjahr 2001

Eigentlich war ich ein ganz normaler 16-Jähriger. Ich ging zur Schule und langweilte mich dort mal mehr und mal weniger. Ab und zu regte ich mich auch über einige Lehrer auf. Ich dachte mir: Meine Lehrer wollen mich nur quälen. In einigen Fächern war ich immer gut und in anderen eher schlecht. Mathematik war meine Stärke, und das ist sie auch heute noch. Aber Deutsch war für mich immer schrecklich. Die Grundlagen der Grammatik und Rechtschreibung verstand ich zwar, aber ich war zu faul, sie richtig zu lernen. Ich fragte mich, wozu ich den ganzen Kram denn brauchen würde. Da ich mir dachte, ich würde das nicht brauchen, interessierte es mich auch nicht. Ich glaubte, außerhalb der Schule würde ich Eigenschaften wie Zuverlässigkeit und Ordnung nicht unbedingt benötigen. »Es wird schon ohne gehen«, sagte ich mir. Mein Ziel war es, eines Tages richtig reich zu werden und das natürlich als Selbstständiger. Da ich dann mein eigener Chef wäre, müsste ich ja auch Dinge wie Rechtschreibung nicht beherrschen. Als reicher Geschäftsmann hat man ja sowieso eine Sekretärin, die alles schreibt.

Eines Tages fand ich mich dann in meinem ersten Praktikum und sollte einen Artikel verfassen. Es war mein erster Artikel, mein erster Beitrag für eine Redaktion. Ich wusste, der Text sollte veröffentlicht werden. Meine mathematischen Fähigkeiten waren dabei sehr praktisch, da ich für den Artikel einiges berechnen musste und dabei keine Probleme hatte. Als ich den Artikel meinem Chef gab, war es ihm leider nicht egal, dass es von Rechtschreibfehlern wimmelte. Als ich ihm den Artikel verbessert vorlegte und es immer noch von Fehlern wimmelte und ich ihn noch mal verbessern sollte, wurde mir langsam klar, dass Rechtschreibung vielleicht doch nicht ganz so unwichtig ist. Ich gab den Artikel also ein drittes Mal ab. Da dieser immer noch voll von Fehlern war, erklärte mir mein Chef, dass das nicht in Ordnung sei. Er erklärte mir, warum ich zuverlässig sein und meine Arbeit ordentlich machen muss. Nachdem mir klar war, warum ich keinen Text mit Fehlern mehr produzieren durfte, war mir auch klar, dass ich mich ändern musste.

Seitdem verstehe ich, dass ich, bevor ich als reicher Geschäftsmann eine Sekretärin haben kann, die alles für mich schreibt, erst selbst ein zuverlässiger Mitarbeiter werden muss. Das heißt, ich muss das, was ich auf die Sekretärin abschieben wollte, erst einmal selbst können. Seit diesem Zeitpunkt ist mir klar, dass Dinge wie Zuverlässigkeit sehr wichtig sind, und dass Dinge wie Rechtschreibschwächen nicht zu vertreten sind. Ich hole also seitdem alles, was ich nicht gelernt habe, als ich es hätte lernen sollen, nach. Durch dieses Praktikum wurde mir klar, dass Lehrer oft gar nicht so falsche Dinge sagen. Eigentlich müsste ich mich bei allen Lehrern entschuldigen, die ich ausgelacht habe, als sie mir sagten, dass es wichtig sei, das zu können, was sie mir vermitteln wollten.

Auch die Grundsätze meiner Eltern habe ich meist missachtet, da ich keinen Sinn darin sah und weil es sowieso viel gemütlicher war, zu tun was man wollte. Seit meinem Praktikum ist mir klar, dass das alles wichtige Grundlagen sind, auf denen vieles basiert. Meine Eltern haben anscheinend einiges geleistet. Sonst wären sie wohl heute nicht da, wo sie sind. Vor meinem Praktikum war mir das überhaupt nicht klar gewesen.

Ich kann kein erfolgreicher Geschäftsmann sein, wenn ich die deutsche Rechtschreibung nicht perfekt beherrsche. Alle Briefe oder andere Dokumente, die ich schreibe, müssen fehlerfrei sein. Wie sieht es denn aus, wenn auf einem Brief für einen Kunden Fehler sind? Das geht nicht. Heute weiß ich das, aber vor meinem Praktikum dachte ich, Rechtschreibung wäre nur da, um Schüler zu ärgern.

Ebenso kann ich nirgendwo erfolgreich sein, wenn ich unzuverlässig bin. Wenn ich einen Auftrag habe, und ich diesen nicht so erfülle, wie ich es soll, dann bekomme ich kein Geld vom Auftraggeber. Wer würde einen Computer behalten, der nicht funktioniert, da er nicht zuverlässig gebaut wurde? Ich würde mein Geld zurückverlangen.

Mein Traum, ein richtig reicher Mann zu werden, ohne etwas dafür zu tun, war also nicht sehr realistisch. Ich sehe zum Glück immer noch die Möglichkeit, ein reicher Mann zu sein, aber ich weiß heute, dass ich dafür einiges tun muss. Die Dinge, die ich in der Schule lerne, sind die Grundlagen, die ich dafür brauche. **Das meiste, was man während seiner Schullaufbahn oder Ausbildungszeit lernt, ist sehr wichtig für die Zukunft, weil es notwendige Grundlagen für das spätere Berufsleben sind. Das zu erkennen war für mich sehr schwierig. Durch diese ersten Einblicke ins Berufsleben wurde mir bewusst, dass meine Sichtweise einiger Dinge vorher nicht ganz richtig war.**

Soweit Alexanders Stellungnahme nach seinem Praktikum. Im Übrigen muss ich sagen: Nach den anfänglichen Schwierigkeiten in Sachen Zuverlässigkeit und Disziplin arbeitete Alexander hervorragend und mit besten Ergebnissen mit. Und: Er begann auf eine für ihn völlig neue Weise über Geld und den richtigen Umgang damit nachzudenken. An dieser Stelle ein Dankeschön an Alexander!

Die Botschaft, insbesondere für alle jungen Menschen, lautet: Reichtum ist die Folge finanzieller Bildung. Reichtum ist die Folge davon, die wichtigsten Geldgesetze umzusetzen. Reichtum ist in aller erster Linie die Folge persönlicher Zuverlässigkeit und Leistung, die Folge davon, erhaltene Aufgaben zur vollsten Zufriedenheit des Auftraggebers durchzuführen. Wer bereits in der Schule konsequent zu arbeiten lernt, hat es eines Tages auf dem Weg zum Millionär erheblich leichter.

KAPITEL 5

Geld braucht Ziele, Bilder und Visionen

Zum Thema Ziele habe ich eine einfache Frage an Sie: Welche der beiden folgenden Möglichkeiten ist Ihnen lieber? Das Ganze ist ein kleiner Blick in die Zukunft. Womöglich denken Sie: »Was soll ich mit der Zukunft? Ich lebe heute.« Diese Einstellung ist in Ordnung. Aber lesen Sie dennoch einmal sorgfältig die beiden folgenden Alternativen, und treffen Sie dann eine (!) Wahl. Wie soll Ihr Leben aussehen, so wie in Alternative A oder so wie bei Alternative B?

Möglichkeit A
Sie genießen vom 15. bis zum sagen wir 25. Lebensjahr finanzielle Freiheit und Unabhängigkeit. Also zehn Jahre ohne finanzielle Sorgen. Zehn Jahre, in denen Sie versuchen, bei Ihren Freundinnen und Freunden dabei zu sein. In denen Sie Geld ausgeben, um sich gut zu fühlen. In denen Sie sich dem Druck Ihrer Freunde und Freundinnen beugen, auch mal so richtig Geld lockerzumachen. Anschließend, vom 25. Lebensjahr bis zum 65. Lebensjahr, haben Sie keine oder nur geringe finanzielle Freiheit. Immer wieder plagen Sie finanzielle Sorgen. Selbst in späteren Jahren fehlt oft das Geld in der Kasse, Sie machen unnötige Schulden, und irgendwie bereitet Ihnen Geld stets neue Sorgen.

Möglichkeit B
Sie lernen bereits in jungen Jahren, erfolgreich mit Geld umzugehen. Sie versuchen überhaupt nicht erst, mit den Freundinnen und Freunden mitzuhalten, die mehr Geld haben als Sie – oder zumindest so tun (was in viel mehr Fällen so ist, als Sie denken), als hätten sie jede Menge Geld. Sie leisten sich auch hin und wieder irgendwelche schicken Designerklamotten, ansonsten verzichten Sie darauf, jeden Schnickschnack mitzumachen. Sie warten grundsätzlich mit Ausgaben, bis Sie sich etwas leisten können.

Und Sie investieren jedes Jahr rund 300 Euro (also jeden Monat rund 25 Euro) in eine gute und erfolgreiche Geldanlage. Bis zum 25. Lebensjahr kommen so rund 5000 Euro oder 10 000 Euro zusammen. Mit 25 Jahren haben Sie dann gelernt, so erfolgreich mit Ihrem Geld umzugehen, dass Sie zehn Jahre später, also mit 35 Jahren, finanziell frei und unabhängig sind. Sie besitzen ein kleines Vermögen, haben keinerlei Schulden, und Ihr Vermögen wird von Jahr zu Jahr größer. Eines Tages, wenn Ihre Kinder aus dem Haus sind, also sagen wir mit 55 Jahren, haben Sie längst ausgesorgt und genießen ein glückliches, unbeschwertes Leben mit jeder Menge Geld. Geld bereitet Ihnen Freude.

Wählen Sie selbst!

Wenn Sie diese beiden Möglichkeiten sorgfältig gelesen haben, werden Sie mit großer Wahrscheinlichkeit Möglichkeit B wählen. Möglichkeit A bedeutet nämlich zehn gute Jahre und 40 Jahre mit kleinen oder größeren Geldsorgen. Möglichkeit B dagegen bedeutet, dass Sie zwischen 15 und 25 Jahren auf das eine oder andere teure Vergnügen, die eine oder andere teure Ausgabe verzichten, dafür ab dem 25. Lebensjahr in eine sorglose, finanziell unabhängige Zukunft für viele Jahre und Jahrzehnte starten.

Die Botschaft lautet: Wenn Sie wirklich frei sein wollen (und wer träumt als Jugendlicher nicht davon, frei zu sein, tun und lassen zu können, was man will), dann entscheiden sich die Cleveren unter Ihnen für Möglichkeit B. Seien Sie sich gewiss: Viele der Freunde und Freundinnen, mit denen Sie mit 15, 16, 17 mithalten, die Sie beeindrucken wollen, werden Sie nach Ihrem Start ins Berufsleben nie mehr wieder sehen. Verkaufen Sie nicht Ihre künftige Freiheit, um kurzfristig über wenige Jahre der tollste Hecht unter Ihren Kumpels zu sein, die besten und teuersten Klamotten von all Ihren Freundinnen zu tragen. Entscheiden Sie sich für den cleveren Weg, die Möglichkeit B.

Auch hierzu ein Beispiel aus der Praxis:

Als ich an einer Schule in Reken, Westfalen, im Dezember 1998 den ersten Geldunterricht durchführte (der Fernsehsender n-tv GELD berichtete damals über diese Sendung), saßen in der ersten Reihe vier junge Mädchen, alles feste Freundinnen. Ich fragte während des Geldunterrichts: »Wenn eine in Amerika verstorbene Tante, von der ihr überhaupt nichts wusstet, euch 100 000 Euro vererben würde, was würdet ihr damit tun?« Spontan kam die Antwort: »25 000 Euro für edle Klamotten ausgeben.«

Wir rechneten anschließend gemeinsam nach, welches Vermögen aus diesem Geld hätte werden können, und ich möchte Ihnen im Folgenden die Ergebnisse nennen. Zuvor sind Sie jedoch wieder gefragt. Füllen Sie die folgende Tabelle aus. Sie haben die Möglichkeit, mit bis zu vier Mitspielern die Zahlen zu schätzen. Schätzen Sie, was aus 25 000 Euro über 40 Jahre Laufzeit an Vermögen werden kann. Auf unser Beispiel übertragen: Sie würden also von der Erbschaft keine 25 000 Euro für edle, teure Klamotten ausgeben. Sie legen vielmehr das gesamte Geld, die gesamte Erbschaft clever und gewinnbringend in geeignete Finanzprodukte an und tun nichts. Sie tun einfach nichts. Das sollte Ihnen in diesem Fall nicht schwer fallen, denn schließlich haben Sie bis zu dieser Erbschaft auch keine Not leiden müssen. Schätzen Sie, was allein aus diesen gesparten 25 000 Euro über 40 Jahre an Vermögen werden kann. In dem Sie das Geld einfach liegen lassen und selbst nichts tun, auch nichts weiter sparen. (Auf Seite 30 finden Sie eine größere Tabelle, um diese kleine Übung in Ihrer Klasse durchzuführen.)

Schätzen Sie, was aus 25 000 Euro Einmalanlage im Alter von 18 Jahren in 40 Jahren an Vermögen wird (unterstellter Zins pro Jahr 10 Prozent)
1. Spieler/in
2. Spieler/in
3. Spieler/in
4. Spieler/in
5. Spieler/in
© Bernd W. Klöckner, Verwendung und Vervielfältigung nur mit schriftlicher Genehmigung des Autors

Wie immer in diesem Buch gilt: Bitte lesen Sie erst weiter, wenn Sie eine Zahl geschätzt bzw. wenn jede/r Mitspieler/in eine Zahl geschätzt hat. Nun verrate ich Ihnen die Lösung: 25 000 Euro angelegt, ergäben über 40 Jahre bei 10 Prozent Zins pro Jahr ein Vermögen von rund 1,13 Millionen. Wenn Ihre Geldanlagen noch bessere Gewinne erzielen (was möglich ist, vgl. Kapitel Finanzprodukte), dann können es am Ende über 3 Millionen sein. Wenn Sie diese Ergebnisse hochrechnen auf die gesamten 100 000 Euro angenommene Erbschaft, dann sind es …? Haben Sie selbst nachgerechnet? Dann ist das Ergebnis viermal so hoch, somit 1,13 Millionen mal vier, also rund 4,5 Millionen bis über 12 Millionen (3 Millionen mal vier).

Die Botschaft lautet: Wenn Sie reich, wenn Sie finanziell ein freies und unabhängiges Leben führen wollen, dann müssen Sie den Faktor ZEIT nutzen. Handeln Sie clever, und denken Sie bereits in jungen Jahren darüber nach, wie Geld sich vermehren kann. Ich weiß dabei aus zahlreichen Gesprächen mit Jugendlichen: Über Geld und über sinnvolles Geldausgeben nachzudenken ist natürlich manchmal weniger spannend, als es zu genießen, in der Clique dazuzugehören und bei den Modetrends mithalten zu können. Doch denken Sie daran: Jeder Tag, jeder Monat und jedes Jahr in jungen Jahren sorgt für große Gewinne und somit für Freiheit und Unabhängigkeit in späteren Jahren.

Hinweis: Im Folgenden die Tabelle, die Sie für den Schulunterricht kopieren und in Ihrer Klasse ausfüllen lassen können. So haben alle Mitschülerinnen und Mitschüler die Gelegenheit, das eigene Zahlengefühl zu testen.

Schätztabelle für größere Gruppen:

Schätzen Sie, was aus 25 000 Euro Einmalanlage im Alter von 18 Jahren in 40 Jahren an Vermögen wird (unterstellter Zins pro Jahr 10 Prozent)	
NAME DES SPIELERS / DER SPIELERIN	SCHÄTZUNG DES ERGEBNISSES
1. Spieler/in	
2. Spieler/in	
3. Spieler/in	
4. Spieler/in	
5. Spieler/in	
6. Spieler/in	
7. Spieler/in	
8. Spieler/in	
9. Spieler/in	
10. Spieler/in	
11. Spieler/in	
12. Spieler/in	
13. Spieler/in	
14. Spieler/in	
15. Spieler/in	
16. Spieler/in	
17. Spieler/in	
18. Spieler/in	
19. Spieler/in	
20. Spieler/in	
21. Spieler/in	

22. Spieler/in	
23. Spieler/in	
24. Spieler/in	
26. Spieler/in	
© Bernd W. Klöckner	

KAPITEL 6

Zins – Der Preis für Ihr Geld

Zinsen sind der Preis dafür, dass Sie einem anderen, einer anderen Person, einer Bank oder einer Versicherung Ihr Geld überlassen. Verzichten Sie lange auf Ihr Geld, kann also diese Person, Bank oder Versicherung lange mit Ihrem Geld arbeiten, ist der Preis (Zins) in der Regel höher, als wenn Sie nur kurze Zeit auf Ihr Geld verzichten wollen.

So genanntes Tagesgeld (hier verzichten Sie – wie der Name schon andeutet – nur tageweise auf Ihr Geld) bringt weniger Zinsen, als wenn Sie beispielsweise über einige Monate (so genanntes Monatsgeld) oder Jahre Ihr Geld anlegen.

Für Sie ist es wichtig, den Begriff »Zins« mit »Preis für Ihr Geld« zu übersetzen, dann achten Sie stärker auf den Betrag, den Sie für Ihr Geld bekommen.

Bitte beachten Sie: Ein Finanzberater, ein Bankberater oder ein Versicherungsvertreter tut Ihnen keinen Gefallen, wenn er Ihnen ein Finanzprodukt verkauft. **SIE TUN IHM EINEN GEFALLEN! SIE SIND KUNDE UND KAUFEN EINE FINANZDIENSTLEISTUNG**. Jemand, der Lebensversicherungen oder sonst ein Geldprodukt verkauft, tut es in der Regel, um Geld zu verdienen, nicht um Ihnen einen Gefallen zu tun.

Wenn Ihnen Ihre Eltern (sicherlich mit gutem Gewissen) beispielsweise sagen: »Geh doch mal zu Herrn Michels* von der Sparkasse, den kennen wir doch schon 20 Jahre« oder »Geh doch mal zu Jörg*, der ist doch bei der Dresdner Bank und ein guter

---

* Anmerkung des Autors: Namen frei erfunden, Ähnlichkeit mit lebenden Personen rein zufällig

Freund von Papa. Er wird dich schon gut beraten«, beginnt bereits mit diesem Schritt oft ein falsches, später über Jahre andauerndes Gelddenken. Bei solchen Elternratschlägen denken viele Jugendliche, sie müssten dem Bankberater auch noch dankbar sein, wenn er sich Zeit für sie nimmt. In Wahrheit ist es umgekehrt: Ihr Bankberater sollte dankbar sein, dass Sie als KUNDE ihn unter vielen hundert Beratern in Ihrer Stadt ausgesucht haben.

Die Botschaft für künftige Millionäre lautet: Ihre Aufgabe ist es, für Ihr Geld den besten Preis (Zins), die beste Leistung (Auszahlung) zu bekommen. Sie sind Geldkunde. Sie sind Auftraggeber und vergeben den Auftrag an denjenigen, der Ihnen am meisten bietet. Seien Sie vorsichtig bei so genannten Freunden bei Versicherungen und/oder Banken. Sie haben die Aufgabe, Ihnen etwas zu verkaufen – und das nicht immer zum besten Preis oder mit der besten Leistung.

KAPITEL 7

Das Geheimnis von Zins und Zinseszins

Warum es so wichtig ist, auf den Preis für Ihr Geld zu achten: darum geht es im folgenden Kapitel. Sie alle kennen das Sparbuch. Fast jeder von Ihnen, oder besser, fast jeder Deutsche, hat ein solches Sparbuch.

Wollen Sie 160 000 Euro verschenken?

Ich habe nun eine Frage an Sie: Angenommen, Sie würden jeden Monat durchschnittlich 50 Euro sparen. Manchmal von Ihrem Taschengeld oder von dem Geld, das Sie durch Nebenjobs dazuverdienen, und hin und wieder vom Weihnachtsgeld, das Sie vielleicht von Ihren Verwandten geschenkt bekommen. Wie auch immer: Monatlich 50 Euro. Das machen Sie 30 Jahre. Sie investieren also 30 Jahre mal 12 Monate à 50 Euro, zusammen sind das 18 000 Euro. Wenn Sie nun die Wahl hätten, welches Vermögen würden Sie am Ende gerne erreichen? Eher 30 000 Euro, eher 60 000 Euro, 103 000 Euro oder rund 190 000 Euro. Sie setzen in allen Fällen insgesamt 18 000 Euro ein und dürfen nun wählen, welche Auszahlung Ihnen lieber ist. Das Verrückte dabei: Sie selbst müssen, wenn Sie sich für die 103 000 Euro entscheiden, nicht mehr tun, als wenn Sie sich für die eher mageren 30 000 Euro entscheiden. Das Geheimnis der unterschiedlichen Endbeträge liegt einzig und allein im Zins.

30 000 Euro	Zinsannahme	3 Prozent pro Jahr
60 000 Euro	Zinsannahme	7 Prozent pro Jahr
103 000 Euro	Zinsannahme	10 Prozent pro Jahr
190 000 Euro	Zinsannahme	13 Prozent pro Jahr

Mit welchen Geldanlagen Sie jedes Jahr 10 oder 13 Prozent an Gewinn machen können, verrate ich Ihnen im Anhang »Fondsempfehlungen«, Seite 182. Zunächst ist es nur wichtig, dass Sie wissen, wie sehr sich unterschiedliche Zinsen über viele Jahre auswirken.

Die Botschaft lautet: Sie sollten sich also keineswegs mit einer Sparbuchanlage zu 3 Prozent zufrieden geben. Das stellte sogar die Dresdner Bank im Jahr 2000 fest. Deren Marketingprofis äußerten in Werbesprüchen für Investmentfonds sinngemäß: »Warum heißt das Sparbuch Sparbuch? Weil man es sich sparen kann.«

Viel Zeit mal wenig Geld

Sie sind jung und haben viel Zeit für Ihren Vermögensaufbau. In diesem Fall bieten sich Fonds als hervorragende Geldanlage an (siehe Seite 182). Fonds sind heutzutage den meisten Menschen bekannt. Auch fast alle Jugendlichen wissen, das haben Umfragen unseres Institutes bestätigt, was Fonds sind. Mit Fonds sind 10 Prozent Zins pro Jahr und mehr auf lange Sicht durchaus realistisch. Denken Sie daran: Kleinste Zinsunterschiede bringen auf Dauer möglicherweise Millionen. Sie müssen sich deswegen sorgfältig mit dem Thema Zinsen beschäftigen. Betrachten Sie hierzu die folgende Grafik:

Vermögensunterschied bei unterschiedlichem Zins

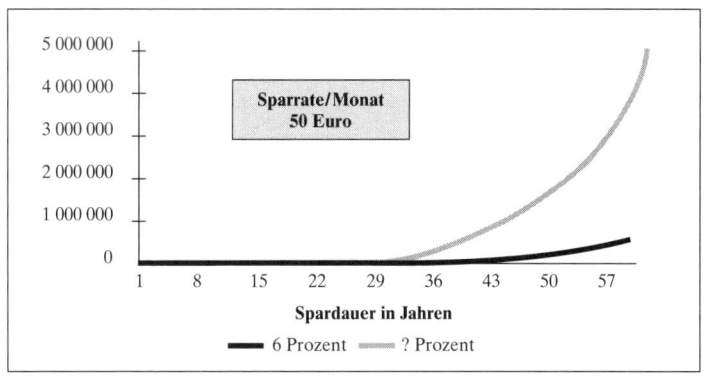

Die Kurven in der Darstellung zeigen, wie sich Ihr Geld bei einem bestimmten Zinssatz vermehren kann. Der Zinssatz der ersten, flach verlaufenden Kurve beträgt 6 Prozent. Den Zinssatz der zweiten Kurve bitte ich Sie zu schätzen. Eine kleine Hilfe: Betrachten Sie das Endvermögen dieser über 60 Jahre laufenden Grafik: Im Falle der ersten Kurve beträgt das Endvermögen 330 000 Euro. Bei der zweiten Kurve beträgt das Vermögen 4,7 Millionen Euro. Also über 14-mal so viel. Die 330 000 Euro erreichen Sie bei einem Zinssatz von 6 Prozent, wie hoch ist der Zinssatz, der zu einem viermal höheren Vermögen führt. Was meinen Sie?

Der Zins der zweiten Kurve beträgt:_____

Haben Sie eine Zahl geschätzt? Vielleicht 8 Prozent, 14 Prozent oder gar das Vierfache von 6 Prozent (schließlich ist das Vermögen am Ende ja auch 14-mal höher)? Dann möchte ich es Ihnen verraten: Der Zins der zweiten Kurve beträgt 12 Prozent. Also das Doppelte des Zinses der ersten Kurve. In diesem Fall führt also der doppelte Zins über 60 Jahre zu einem 14-mal höheren Vermögen. Und genau das ist – über viele Jahre betrachtet – die entscheidende Wirkung von Zins und Zinseszins.

Zins, Zinseszins und Rendite

Im Zusammenhang mit Geldanlagen fällt auch immer wieder der Begriff Rendite. Mit der Rendite ist gemeint, wie sich eine Sparanlage unter Berücksichtigung des Zinseszinses tatsächlich entwickelt hat. Ob sich also das Geld, das Ihnen aus der Tasche herausgeflossen ist (Beispiel: Sparraten jeden Monat über 30 Jahre) im Verhältnis zu dem Geld, das Ihnen wieder in Ihre Taschen zurückgeflossen ist, gelohnt hat.

KAPITEL 8

Inflation – Wie Geld an Wert verliert

Im Laufe der Jahre werden dieselben Dinge immer teurer. Ein gutes Beispiel ist der Preis von Brötchen. Gab es vor vierzig Jahren Brötchen für 5 Pfennig das Stück, kosteten Brötchen irgendwann 20 Pfennig und dann fünfzig Pfennig. Bekam man also vor vielen Jahren für 2 Mark zehn Brötchen, sind es bei 40 Pfennig nur noch fünf.

Die Kaufkraft des Geldes

Geldexperten sagen in diesem Fall: »Die Kaufkraft des Geldes sinkt.« Einfacher ausgedrückt: Der Wert des Geldes sinkt. Diese Tatsache kann jeder selbst überprüfen. Wer beispielsweise seine Großeltern fragt, was sie in ihren jungen Jahren für ein neues Auto bezahlen mussten, bekommt Beträge genannt, für die man heute ein kleines Motorrad kaufen könnte, mehr aber nicht. Zum Beispiel kostete der VW Beetle (damals VW Käfer genannt) 1960 zwischen 6000 und 10 000 Mark, im Jahr 2000 kostete er bereits rund 40 000 Mark.

Höhe der Inflation

Die Höhe der Inflation, also der jährlichen Geldentwertung, wird von Experten ganz unterschiedlich eingeschätzt. Die einen sagen, Geld verliert pro Jahr 1 Prozent an Wert, die anderen sprechen von 3 Prozent. Ich möchte mich für die folgenden Beispiele auf 2 Prozent Inflation festlegen.

2 Prozent Inflation bedeuten, dass beispielsweise ein 100-Euro-Schein jedes Jahr 2 Prozent an Wert einbüßt. Die Frage lautet nun: Wenn 100 Euro zunächst einen Wert von 100 Prozent ent-

sprechen und jedes Jahr gehen durch Inflation 2 Prozent Wert verloren, wann ist dann der Geldschein so gut wie nichts mehr wert? Die einfachste, jedoch fachlich nicht ganz konkrete Lösung ist: 100 Prozent dividiert durch 2 Prozent macht unterm Strich 50.

$$\frac{100}{2} = 50$$

Das bedeutet: In 50 Jahren ist die Kaufkraft des 100-Euro-Scheins gleich null.

Auswirkung auf die Geldvermehrung

Wie muss nun diese Inflation bei den verschiedenen Geldanlagen berücksichtigt werden? Nehmen wir als Erstes die Geldanlage übers Sparbuch. Hier gibt es Zinsen in Höhe von 1 bis 3 Prozent. Nehmen wir ebenfalls als Mittelwert einen Zins von 2 Prozent an. Das bedeutet zunächst: Werden 1000 Euro angelegt, gibt es am Jahresende 20 Euro (2 Prozent von 1000 Euro) an Zinsen. Das Vermögen steigt somit auf 1020 Euro. Im nächsten Jahr gibt es wieder 2 Prozent Zinsen, dieses Mal gerechnet auf den Betrag von 1020 Euro. Und so weiter. Auf den ersten Blick wäre es eine zwar sehr, sehr langsame Geldvermehrung, jedoch ginge es stetig nach oben. Wenn da nur nicht die verflixte Inflation wäre. Denn nach Inflation sieht die Rechnung wie folgt aus:

	1000 Euro Anlagebetrag
plus	2 Prozent Zins
minus	2 Prozent Inflation
ergibt	1000 Euro Anlagebetrag

Was ist in diesem Beispiel geschehen? Die jährliche Inflation gleicht sozusagen den Zinszuwachs wieder aus, sodass unterm Strich kein Zuwachs erfolgt. Das Geld vermehrt sich nicht, es bleiben immer 1000 Euro. Nicht mehr und nicht weniger. Wer nun denkt, das sei doch nicht so dramatisch, sollte einmal die folgende Rechnung betrachten.

Wer 1000 Euro auf einem Sparbuch anlegt und wissen will, was sich nach 100 Jahren bei einem Zins von 2 Prozent an Vermögen ansammelt, kommt auf einen Betrag in Höhe von 7245 Euro.

Formel für Zinseszins und Einmalanlagen

Kn = Ko $\times$ (1 + p/100)^n

Kn = Kapital nach Jahren
Ko = Kapital zu Beginn (hier 1000 Euro)
P = Zins (hier 2 Prozent)
N = Anzahl der Jahre (hier 100 Jahre)

Diese Formel haben wahrscheinlich einige von Ihnen in der Schule im Mathematik- oder Wirtschaftskundeunterricht bereits geübt!

Das Geld würde sich also auf den ersten Blick vervielfachen. Wer es genau nachrechnen will, teilt die 7245 Euro durch 1000 Euro.

$$\frac{7245 \text{ Euro}}{1000 \text{ Euro}} = 7,245$$

Das Geld hat sich also in etwa versiebenfacht. Berücksichtigt man die Inflation, ist dieser Geldzuwachs jedoch eine Illusion. Wer eben aufmerksam gelesen hat, weiß bereits warum: Jedes Jahr gleicht die Inflation in Höhe der oben genannten 2 Prozent den Zinszuwachs wieder aus. Also: 100 Jahre gibt es unterm Strich gerechnet keinen Zuwachs. Die 1000 Euro sind zwar auf 7245 Euro angewachsen, gleichzeitig ist der Preis für zahlreiche Güter ebenfalls von 1000 Euro auf 7245 Euro gestiegen. Das bedeutet: In 100 Jahren könnte man sich von 7245 Euro nicht mehr kaufen, als man heute für 1000 Euro erwerben kann. Es gab also keinen wirklichen Vermögenszuwachs.

Geldverlust trotz tapferen Sparens

In unserem obigen Beispiel haben sich Zins und Inflation (beide 2 Prozent) immer wieder ausgeglichen. Anders sieht es jedoch aus, wenn beispielsweise für das Sparbuch 1 Prozent bezahlt wird, die Inflation jedoch bei 3 Prozent pro Jahr liegt. Dann sieht es auf Dauer düster aus. Nehmen wir noch einmal das Beispiel der 1000 Euro und betrachten gemeinsam die beiden ersten Jahre:

1. Jahr

	1000 Euro Anlagebetrag
plus	1 Prozent Zins
minus	3 Prozent Inflation
minus	**2 Prozent von 1000 Euro**

ergibt 980 Euro

2. Jahr

	980 Euro Anlagebetrag
plus	1 Prozent Zins (von 980 Euro)
minus	3 Prozent Inflation (von 980 Euro)
minus	**2 Prozent von 980 Euro**

ergibt 960,40 Euro

Damit ist klar: Wenn dieses »Spiel« so weitergeht, steht Jahr für Jahr immer weniger Geld (Kaufkraft) zur Verfügung.

Die Botschaft lautet: Wer auf Dauer reich werden will, braucht h___ Z_____, um die Inflation wieder wettzumachen. Versuchen Sie, die Lösung selbst zu erraten. Die Lösungsworte lauten: **Hohe Zinsen!** Wer auf Dauer reich werden will, braucht hohe Zinsen, damit die Inflation wieder ausgeglichen ist.

KAPITEL 9

Die Macht der Vermehrung

»Die meisten Menschen überschätzen,
was sie in einem Jahr erreichen können, und unterschätzen,
was sie in einigen Jahrzehnten erreichen können.«
Anthony Robbins

Das Geheimnis, wie Sie mit Taschengeld zum Millionär werden, liegt ausschließlich darin, dass Sie für immer neues Geld sorgen und dass Sie Geld behalten. Das Geheimnis finanziellen Wohlstands ist in erster Linie das Geheimnis des Geldbehaltens und dann des richtigen Sparens. Danach folgt das Gesetz der Vermehrung. Geld, dem Sie die Zeit lassen, sich zu vermehren, bringt eines Tages große Reichtümer. Hierzu gibt es eine sehr schöne Geschichte:

Ein Korn Reis

In China gab es vor langer Zeit einen alten Kaiser. Dieser suchte bereits seit langer Zeit einen Mann für seine einzige Tochter. Des Kaisers Tochter war wunderschön, und jeder Mann im ganzen Reich hätte alles dafür gegeben, sie zu ehelichen. Eines Tages erkrankte die Tochter an einer sehr seltenen Krankheit, und der Kaiser ließ im ganzen Land nach den kundigsten Ärzten ausrufen. Doch kein Arzt konnte helfen. Eines Tages erschien ein junger, hübscher Bauer am Hof. Er versprach, er könne der Kaisertochter mit seinem alten Heilwissen helfen. Und tatsächlich geschah es so: Nachdem der junge Bauer des Kaisers Tochter sieben Tage und Nächte gepflegt hatte, erwachte sie am Morgen des achten Tages und war vollständig genesen. Als der Kaiser, überglücklich über die Gesundung seiner Tochter, den jungen Bauern nach seinem Lohn fragte, meinte dieser: »die Hand Eurer Tochter.« Der Kaiser, unge-

halten über diesen unverschämten Wunsch, weigerte sich und fragte den jungen Bauern nach einem anderen Wunsch: »In Ordnung«, sagte dieser. »Dann wünsche ich mir ein Korn Reis.« Verwundert nahm der Kaiser dies zur Kenntnis und schüttelte den Kopf: »Was willst du mit einem Korn Reis. Dafür, dass du meine Tochter gesund gepflegt hast, gebe ich dir Land, Paläste, Pferde, was auch immer du willst. Aber ein Korn Reis?« »Nun denn«, sprach der junge Bauer, »wenn Majestät darauf besteht, so mag er das Korn Reis jeden Tag über insgesamt 60 Tage verdoppeln. Ich selbst werde ab morgen für diese beiden Monate auf Reisen sein. Ich werde meinen Lohn abholen, sobald ich wieder im Lande bin.« So wurden sich der König und der junge Bauer einig. Der Kaiser befahl seinem Schatzmeister, dem jungen Bauern ein Korn Reis gutzuschreiben und ab sofort jeden Tag, insgesamt über 60 Tage hinweg, zu verdoppeln. So waren es am zweiten Tag zwei Körner, am dritten Tag 4 Körner, am vierten Tag 8 Körner und so weiter. Es dauerte 30 Tage, bis der Kaiser seinen Schatzmeister fragte, ob für den Lohn des jungen Bauern gesorgt sei. Da ließ der Schatzmeister im Innenhof des Palastes zusammentragen, was bereits dem jungen Bauern gehörte. Rund 40 Diener wurden benötigt, um die 536 870 912 Körner Reis zu tragen. Der Kaiser wurde blass. Er bat seinen Schatzmeister auszurechnen, welche Menge Reis der junge Bauer nach 60 Tagen ausbezahlt bekommen würde. Der Schatzmeister nannte ihm einen Tag später die Zahl. Sie lautete: 576 460 752 303 423 488. Jetzt musste der Kaiser einsehen, dass der junge Bauer einen cleveren Wunsch geäußert hatte. Doch er war ein sehr guter Verlierer und willigte in die Hochzeit des jungen Mannes mit seiner einzigen Tochter ein. Sie wurden ein sehr glückliches Paar, und noch viele Jahrhunderte später erzählte man sich, wie die Tochter des Kaisers und der junge Bauer zusammengefunden hatten. Übrigens: Bei der Hochzeitsfeier wurden herrliche Speisen aus vielerlei Ländern aufgetischt. Doch man berichtet, dass auf Reis verzichtet worden sei. Wohl aus Rücksicht auf den Kaiser.

Quelle: Nach »Ein Korn Reis« von Helena Pittmann,
New York: Hasting House, 1986

Eine andere Geschichte zur Macht der Geldvermehrung ist die der Manhattan-Indianer.

Der Verkauf von Manhattan

Es war im Jahr 1626, als durch den Leiter der West India Company von den Manhattan-Indianern Manhattan Islands gekauft wurde. Man erzählt, dass der Kaufpreis rund 24 US-Dollar betrug. Der Preis wurde zudem nicht in bar entrichtet, sondern in Form von Perlen, Schmuck und Stoffen. Hätten die Indianer sich den Kaufpreis in bar auszahlen lassen und das Geld zu lediglich 7 Prozent Zinsen angelegt, würden die Nachkommen der Manhattan-Indianer heute über ein Vermögen in Höhe von rund

2 510 000 000 000 US-Dollar

verfügen. In Worten wären das rund 2,5 Billionen US-Dollar, mehr als genug, um heute Manhattan Islands, zumindest den größten Teil, zurückzukaufen.

Quelle: Nach Anthony Robbins, Mastery University, Seminarvortrag »Meister der Finanzen«, Robbins Research International Inc. (RRI), 1998

Was aus einem Cent werden kann

Angenommen, ein cleverer Mensch hätte zum Zeitpunkt der Geburt von Jesus, also vor rund 2000 Jahren, einen Betrag angelegt, der heute dem Gegenwert von einem Cent entspricht. Dieser Betrag wiederum wäre bis heute jährlich mit 7 Prozent verzinst worden. Kriege und alle äußeren Einflüsse, durch die Geld entwertet wurde, lassen wir außen vor. Schätzen Sie einmal, wie hoch das Vermögen heute, also 2000 Jahre später sein würde. Fragen Sie auch Ihre Freunde oder Ihre Schulkameraden, welchen Betrag diese schätzen würden.

LÖSUNG

Die unglaubliche Zahl lautet

58 600 000 000 000 000 000 000 000 000 000 000 000 000 000 000 000 000.

Ein nicht mehr vorstellbarer oder in Worten zu fassender Betrag. Haben Sie bereits die Nullen gezählt? Tun Sie es einfach mal so zum Spaß. Es sind 53 Nullen. Eine Zahl und ein Vermögen, das jede Vorstellungskraft überschreitet. Diese Zahl ist der beste Beweis für die Kraft der Geldvermehrung.

Wichtiger Hinweis: In all diesen Beispielen spielt natürlich die lange Laufzeit eine entscheidende Rolle. Und um die geht es: Der Titel dieses Buches lautet »Mit Taschengeld zum Millionär«. Dieses Ziel lässt sich am ehesten erreichen, wenn noch viel Zeit zur Verfügung steht. Je größer der Anlagezeitraum, desto mehr kann das Geld arbeiten und sich vermehren. Deswegen ist es wichtig, sich frühzeitig ausreichendes Geldwissen anzueignen.

KAPITEL 10

Die drei Geldbausteine für Millionäre

Die folgenden Geldbausteine bestimmen über das Vermögen, das sich im Laufe der Zeit ansparen lässt. Die drei Faktoren heißen:

$$Z \_\_ t$$
$$G \_\_ d$$
$$Z \_\_ s$$

Im Folgenden einige einfache Beispiele zu den einzelnen Geldbausteinen.

Geldbaustein Zeit

Wer eine Million ansparen will, der muss...

- ..., wenn er **nur noch 10 Jahre Zeit** hat, bei einem Zins von 10 Prozent einmalig zu Beginn rund 385 000 Euro anlegen.
- ..., wenn er **noch 50 Jahre Zeit** hat, bei einem Zins von 10 Prozent einmalig zu Beginn rund 8500 Euro anlegen.

Geldbaustein Geld
Sparpläne ohne Einmalanlage

Wer eine Million ansparen will, der muss...

- ..., wenn er nur 30 Euro monatlich bei 10 Prozent ansparen kann, insgesamt 59 Jahre warten.
- ..., wenn er 100 Euro monatlich bei 10 Prozent ansparen kann, insgesamt 46 Jahre warten.

Geldbaustein Zins

Wer eine Million ansparen will, der muss …

- … von der Geburt an bis zum 50. Lebensjahr bei einem **Zins von 2 Prozent** (die gibt es beispielsweise auf Sparbücher) monatlich rund 980 Euro investieren.
- … von der Geburt an bis zum 50. Lebensjahr bei einem **Zins von 10 Prozent** (die gibt es beispielsweise bei Anlage in internationale Aktienfonds) monatlich rund 69 Euro investieren.

Die Botschaft für Millionäre und solche, die es werden wollen, lautet: Wer alle drei Geldbausteine optimal nutzen will, sollte ziemlich früh mit dem Sparen beginnen, möglichst hohe Sparbeiträge leisten und auf möglichst gute Verzinsung achten.

TEIL II

Geldgesetze für Reichtum

KAPITEL 1

Der wichtigste Geldgrundsatz

Zurück zur heutigen Situation. Ihre persönliche Gewinn- und Verlustrechnung ist dann in Ordnung, wenn folgender Grundsatz gewahrt ist:

nebagsua reßörg nemhannie

Mit Sicherheit haben Sie schon erraten, was dieser Zauberspruch bedeuten soll. Es ist der Zauberspruch, der Sie auf Dauer garantiert (!) reich sein lässt. Die Lösung lautet: Einnahmen größer Ausgaben.

Nur dann, wenn Ihre Einnahmen auf Dauer über den Ausgaben liegen, stimmt Ihre Gewinn- und Verlustrechnung. Fließt auf Dauer mehr aus Ihren Taschen heraus als hinein, werden Sie unweigerlich in finanzielle Schwierigkeiten kommen, ob heute, in einem Jahr oder in zehn Jahren. Das bedeutet: Sie kommen an Ihrer persönlichen Gewinn- und Verlustrechnung nicht vorbei.

KAPITEL 2

Drei Geldgesetzmäßigkeiten für Millionäre

1. Geldgesetz: Mehr einnehmen als ausgeben
Dieses erste Geldgesetz haben ebenfalls die meisten Millionäre berücksichtigt.

Die entscheidende, die alles entscheidende Botschaft für Sie lautet: Meiden Sie jegliche Ausgaben, die nicht durch Ihre Einnahmen gedeckt sind. Sorgen Sie dafür, dass Sie niemals in die Falle geraten, dass Ihre Ausgaben Monat für Monat größer sind als Ihre Einnahmen. Überlegen Sie sehr sorgfältig, bevor Sie etwas ausgeben. Viele Dinge leistet man sich, um sich besser zu fühlen, um attraktiver zu sein, das bessere Moped oder das bessere Auto zu fahren als Ihre Freundinnen und Freunde. Geld signalisiert Freiheit, sich leisten zu können, was man will. Doch wenn Sie wirklich frei sein und bleiben wollen, dürfen Sie niemals mehr ausgeben als Sie einnehmen. Denken Sie vor Ihrer nächsten Ausgabe an folgenden Spruch:

> **Viele Jugendliche geben das
> Geld, das sie
> nicht haben, aus für Dinge, die
> sie nicht brauchen,
> um damit anderen in ihrer
> Clique zu imponieren,
> die sie im Grunde genommen
> überhaupt nicht mögen.**

Meine Botschaft für Sie lautet nochmals: Beginnen Sie zu akzeptieren, dass, wenn Sie über Ihre Verhältnisse leben, die Schlussrechnung nie aufgeht. Wirklich frei sind Sie, wenn Sie sich niemals in Ihrem Leben damit beschäftigen müssen, Schulden abzubezahlen für teure, unnötige Anschaffungen. Wenn Sie allerdings eines Tages eine Familie gründen und ein Haus bauen wollen, dann ist die damit verbundene Verschuldung eine sinnvolle Sache.

2. Geldgesetz: Kaufe nichts auf Kredit

Es ist ja so einfach: Sie sprechen mit Ihrem Bankberater, und schon bekommen Sie für einige hundert oder einige tausend Euro einen Kredit eingeräumt. Wie bei Geldgesetz Nr. 1 bereits erwähnt, können solche Kredite etwas Sinnvolles sein, wenn Sie etwas Sinnvolles mit dem geliehenen Geld kaufen.

Beispiel: Kauf einer eigenen Immobilie

Nehmen wir noch einmal an, Sie wollten eines Tages, sagen wir in zehn oder 15 Jahren ein Haus oder eine Wohnung für sich und möglicherweise Ihre Familie kaufen. In diesem Falle wäre es natürlich falsch, mit dem Kauf einer solchen Immobilie zu warten, bis diese in bar bezahlt werden kann. Dann hätten sich in der Vergangenheit nur wenige Menschen eine Immobilie leisten können. Wenn Sie jedoch einen Kredit aufnehmen, um ein Moped, einen Motorroller, ein Auto oder sonst etwas zu kaufen, dann ist diese Investition nicht besonders clever.

Einen Kredit aufzunehmen bedeutet, mit Geld der Zukunft zu bezahlen

Einen Kredit aufnehmen bedeutet, dass Sie – weil Sie zurzeit kein oder nicht ausreichend Geld haben – versprechen, mit Geld, was Sie erst noch verdienen müssen, eine Sache zu bezahlen, die Sie heute haben wollen. Diese Vorgehensweise nimmt Ihnen schneller Ihre Freiheit, als Sie glauben. Viele Schuldnerberatungsstellen können bestätigen, dass insbesondere Kredite für das erste Auto in zahlreichen Fällen der Beginn einer über viele Jahre dauernden Verschuldung sind. Wenn Sie beispielsweise 5000 Euro Kredit für ein Auto aufnehmen, dann kostet Sie das bei üblichen Zinsen schnell 125 Euro pro Monat. Im schlimmsten Fall können Sie einige Monate Ihre Zinsen nicht bezahlen, diese Zinsen sammeln sich an, und gleichzeitig verliert das Auto immer mehr an Wert. Zum Schluss sitzen Sie auf einem Schuldenberg und einem fast wertlosen Auto. Damit endet dann der Traum von Freiheit. Und genau das ist es, worüber Sie auch schon in jungen Jahren nachdenken sollten:

Die Botschaft lautet: Treffen Sie Entscheidungen, die Ihnen Ihre Freiheit lassen. Meiden Sie Entscheidungen, die Ihnen kurzfristig ein gutes Gefühl bringen, Sie aber langfristig die Freiheit kosten.

Wickeln Sie Geldgeschäfte in bar ab

Meiden Sie Kreditkarten und zahlen Sie in bar. Gewiss, es ist schick, mit irgendeiner EC-Karte oder Kreditkarte zu bezahlen. Das Problem ist nur: Sie verlieren den wichtigen Bezug zum Geld. Wenn Ihr Portemonnaie leer ist, können Sie dies sehen und fühlen. Bei einer EC- oder Kreditkarte fehlt Ihnen der Überblick. Das Ganze ist natürlich etwas anderes, wenn Sie verreisen. Im Urlaub heißt die Devise: So wenig Bargeld wie möglich mit sich herumtragen.

KAPITEL 3

Das Geheimnis des richtigen Geldprogramms

Wie auch der beste Computer ohne entsprechende Software – die richtige (!) Software – nicht funktionieren kann, funktioniert auch kein Reichtumsplan ohne das entsprechende, richtige »Geldprogramm«. Wer reich werden will, muss nicht darauf achten, mehr zu verdienen. **Reiche Menschen lernen, Geld zu behalten.** Das ist das Reichtumsprogramm, das Geldprogramm der Millionäre. In erster Linie kommt Reichtum zu den Menschen, die lernen – oder gelernt haben –, »mehr« zu behalten.

Die entscheidende Botschaft lautet also: **Lernen Sie, Ihr Geld zu behalten!** Allein mehr Geld zu haben bringt nicht zwangsläufig Reichtum. Denn: Mehr Geld verstärkt lediglich das bisherige Geldverhalten. So einfach das klingt, die Kenntnis dieses Geldgesetzes ist eine wichtige Voraussetzung für alle, die Millionäre werden wollen.

Ein Beispiel: Jemand gibt seit Jahren mehr Geld aus, als er einnimmt. Seine Schulden wachsen und wachsen, aber er kann sich nicht beherrschen. Hin und wieder sperrt die Bank für einige Wochen den Dispokredit auf dem Girokonto. Dadurch kommt die finanzielle Situation wieder einigermaßen ins Reine. Sobald die Bank den Dispokredit wieder einräumt, gibt er wieder mehr Geld aus, als er einnimmt. Sein Geldprogramm sieht also folgendermaßen aus

Ausgaben > Einnahmen

Eines Tages gewinnt diese Person im Lotto: ein mehrfacher Millionengewinn! Die finanzielle Zukunft scheint gesichert. Endlich ist genug Geld da, um das Leben zu genießen, um sich alles leisten zu können. Das Problem ist jedoch, dass das Geldprogramm unverändert lautet

Ausgaben > Einnahmen

Obwohl die betreffende Person nun Millionen besitzt, dauert es nur wenige Jahre, und sie ist wieder arm, die Millionen sind weg, und die Bank sperrt wieder regelmäßig das Konto. Was ist passiert? Die Antwort lautet: Das falsche Geldprogramm »Ausgaben > Einnahmen« hat die Millionen vernichtet. Das viele Geld hat eben nicht zu Reichtum geführt, sondern lediglich die Wirkung des falschen Geldprogramms verstärkt. Reich zu werden beginnt mit Sparen und damit, dass die Einnahmen dauerhaft größer sind als die Ausgaben. Wer jeden Monat eine Million verdient, jedoch monatlich 1,2 Millionen ausgibt, ist genauso arm wie ein Mensch, der jeden Monat nur 1000 Euro verdient, jedoch 1200 Euro jeden Monat ausgibt.

Die Botschaft für Millionäre lautet: Nicht mehr Geld verdienen bringt Reichtum, Reichtum ist die Folge davon, dass Sie mehr Geld behalten. Denn: Wer lernt, mehr Geld zu behalten, verdient immer genug, um Geld investieren zu können. Achten Sie darauf, mehr Geld zu behalten, und investieren Sie von diesem Teil des Geldes so viel wie möglich in aussichtsreiche Geldanlagen, zum Beispiel Investmentfonds.

Zum Schluss dieses Kapitels noch einige Beispiele: Nehmen wir Sir Elton John. Die englische Zeitung *Times* berichtete im November 2000, dass Sir Elton John in 20 Monaten sage und schreibe 91 Millionen verdient hatte. Das Problem: Im gleichen Zeitraum hatte er 120 Millionen, so die Zeitung *Times*, ausgegeben. Fazit: Selbst ein Multimillionär wie Sir Elton John würde, wenn er so weitermacht, eines Tages arm sein. Nicht die Einnahmen entscheiden über Reichtum oder Armut, entscheidend sind die Ausgaben.

Oder nehmen wir das Beispiel von Metzgermeister Karl G. aus Stegaurach. Seine Geschichte ging vor einiger Zeit durch die Presse. Er gewann 3,5 Millionen, dann, zwei Jahre später, nochmals 4 Millionen Euro. Nachdem er eine Firma gekauft hatte, stieg er ein ins Jetsetleben: Traumvilla, Traumautos, teuerste Suiten in den teuersten Hotels. Immer mehr Geld kassierte er aus seinem Unternehmen ab, um das eigene Luxusleben zu finanzieren. Es dauerte nicht lange, und er musste tricksen, um den Ruin seiner Firma zu vertuschen. Das Ende: Wegen Veruntreuung und Bankrott wurde er zu drei Jahren Haft verurteilt. Trotz Millionenvermögen scheiterte er, weil er gegen das Geldprogramm der Millionäre »Einnahmen > Ausgaben« verstoßen hatte.

Die Botschaft lautet: Ihr Geldverhalten muss im Kleinen wie im Großen stimmen. Ob Sie 100 Euro, 1000 Euro oder 100 000 Euro besitzen oder verdienen. Ihr Geldverhalten, Ihr Geldprogramm muss bei jedem Betrag stimmen. Stimmt Ihr Geldprogramm bei 100 Euro nicht, wird es wahrscheinlich auch nicht stimmen, wenn Sie eines Tages vielleicht 100 000 Euro erben. Stimmt Ihr Geldprogramm bei einem Monatseinkommen von 2000 Euro nicht, wird es auch nicht stimmen, wenn Sie eines Tages im Monat 20 000 Euro verdienen sollten. Im Gegenteil: Je früher Ihr Geldprogramm stimmt, desto leichter fällt es später, mit viel Geld ebenso erfolgreich umzugehen.

KAPITEL 4

Der richtige Umgang mit Geldschwächen

Oft kann man viel von den Fehlern und Schwächen anderer Menschen lernen. Das trifft auch in Bezug auf den richtigen Umgang mit Geld zu. Viel mehr Menschen, als gemeinhin angenommen, haben erhebliche Schwierigkeiten im richtigen Umgang mit Geld. Im Folgenden habe ich einige der Geldschwächen aufgeführt, die in meinen Seminaren am häufigsten genannt werden:

– unvorsichtige und unbewusste Geldausgaben
– Inkonsequenz
– zu viele Ausgaben
– Kleinlichkeit
– Besitzgier
– Geldrückfluss wird nicht berücksichtigt
– Sparsamkeit für nötige Reserven
– keine genaue Kontrolle über Geldeinnahmen und -ausgaben
– aus Gefälligkeit Geld verleihen
– keine Zeit für persönliches Geldmanagement
– zu geringer Verdienst
– Geld verschenken
– Hartnäckigkeit
– Ausgaben steigen in gleichem Maß wie Verdienst
– Kaufkraft
– unkontrollierte Geldausgaben
– generell zu viele Geldausgaben für unwichtige Dinge
– zu wenig Geldkenntnisse
– Gleichgültigkeit gegenüber Geldangelegenheiten
– Ungeduld beim Habenwollen
– Geld ausgeben, bevor es verdient ist
– sorglose Börsengeschäfte
– zu spendabel
– Geld lieber ausgeben statt anlegen

- unnötig Geld ausgeben für Dinge, die ich nicht brauche
- generell kein Interesse an Geld
- keine Übersicht
- Geld nicht einfordern, das einem zusteht
- Gutgläubigkeit in Gelddingen
- blauäugige Geldanlagen
- zu teure Dinge kaufen

Die Botschaft lautet: Der erste Weg zur Besserung ist es, etwas zuzugeben. Wer Geldschwächen bei sich erkennt, muss lernen, sich diese einzugestehen anstatt sie zu vertuschen. Denken Sie daran: Geldschwächen sind auch zu hoher Konsum und Kauf auf Kredit. Wichtig: Beschäftigen Sie sich mit Geld und mit Ihren Geldschwächen. Machen Sie sich nichts vor, wenn Sie Geldschwächen haben. Legen Sie jetzt eine kleine Lesepause ein und versuchen Sie, Ihren eigenen Geldschwächen auf die Spur zu kommen.

LESEPAUSE

KAPITEL 5

Geld und Kredite

Was ist eigentlich ein Kredit? Das Wort Kredit kommt vom lateinischen »credere« und bedeutet so viel wie glauben. Kredite zahlt eine Bank nur dann aus, wenn sie daran glaubt, das Geld auch eines Tages zurückzubekommen. »Kredit« könnte man auch folgendermaßen übersetzen:

Jetzt genießen, später bezahlen!

Das hört sich natürlich zunächst klasse an, ist es jedoch nur auf den ersten Blick. Ein Beispiel:

Wer einen Kredit von 10 000 Euro aufnimmt und diesen Kredit über sagen wir fünf Jahre verbrauchen will, der könnte sich selbst – Zinsen nicht mitgerechnet – jeden Monat 166,67 Euro auszahlen. Also letztlich jeden Monat 166,67 Euro mehr Geld ausgeben, als er selbst besitzt. Oder aber er gibt das Geld innerhalb eines Jahres aus, dann wären es 10 000 geteilt durch zwölf Monate, macht pro Monat 833 Euro. Bis hierhin klingt es ganz gut, aber natürlich kostet ein solcher Kredit Geld. Das ist durchaus vergleichbar mit der eigenen Geldanlage: Wer einer Bank sein Geld zur Anlage anvertraut, bekommt Zinsen. Erhält also, wie wir gesehen haben, einen Lohn dafür, dass er der Bank Geld überlässt. Schließlich kann die Bank mit diesem Geld arbeiten und Gewinne erzielen. Ein Teil des Gewinnes, den die Bank erzielt, geht als Zinszahlung an den Kunden. Beim Kredit ist es umgekehrt: Die Bank verleiht an den Kreditnehmer Geld. Im Gegenzug muss der Kreditnehmer für diese Überlassung von Geld einen entsprechenden Preis (= Zins) an die Bank zahlen. Und genau hier liegt der Haken, wenn jemand sein Leben über Kredite finanziert.

Noch ein Beispiel:

Wer einen Kredit über 10 000 Euro aufnimmt, um beispielsweise das erste Auto zu finanzieren, muss bei einer Finanzierungsdauer über fünf Jahre bei einem Zinssatz von 10 Prozent monatlich eine Rate in Höhe von rund 213 Euro bezahlen. In fünf Jahren werden also insgesamt bezahlt:

$$213 \times 12 \text{ Monate} \times 5 \text{ Jahre} = 12\,780 \text{ Euro}$$

Abzüglich der 10 000 Euro Kredit sind dies in fünf Jahren insgesamt 2780 Euro, die an Zinsen gezahlt werden müssen.

Am folgenden Beispiel mit größeren Zahlen wird noch besser ersichtlich, wie teuer ein Kredit über lange Jahre sein kann.

Möglicherweise haben Ihre Eltern eine Immobilie, eine Eigentumswohnung oder ein Haus gekauft. Oder Sie selbst kaufen eines Tages eine Immobilie. Angenommen, für diese Immobilie musste ein Kredit von 200 000 Euro aufgenommen werden. Finanziert wird, wie das bei Immobilien üblich ist, über insgesamt 30 Jahre Laufzeit. Sie bekommen also 200 000 Euro Kredit, um sich heute etwas leisten zu können, was Sie erst später im Laufe der Monate und Jahre abbezahlen. Wenn eines Tages die 30 Jahre vergangen sind, wie hoch ist dann der Gesamtbetrag, den Sie über die Jahre an die Bank bezahlt haben?

———————————————————————

(Ihre Schätzung)

Sie haben eine Zahl geschätzt? Dann möchte ich Ihnen die Lösung verraten: Sie haben, wenn der Kredit zurückbezahlt ist, insgesamt 530 000 Euro bezahlt. Oder mit anderen Worten: Um sich für 200 000 Euro etwas leisten zu können, haben Sie einen Preis von insgesamt 530 000 Euro bezahlt. Davon sind 200 000 Euro der Preis für die Immobilie, 330 000 Euro, also rund das 1½fache des Immobilienpreises ist der Betrag, der im Laufe der 30 Jahre an die Bank gezahlt werden muss.

KAPITEL 6

Konsumglück und Kreditschmerzen

Jeder von uns wollte bestimmt schon einmal für eine besonders schöne Sache, einen besonderen Gegenstand, ein besonderes Auto Schulden machen. Es ist schließlich so einfach: Man nimmt einen Kredit auf, und schon ist das Geld da, das man bislang nicht hatte. Ich habe im Laufe der letzten 15 Jahre mit vielen tausend Menschen gesprochen, um herauszufinden, was uns eigentlich zum Schuldenmachen verleitet. Hinter »Schulden machen« oder »Kredite aufnehmen« stecken zwei der Urtriebkräfte von uns Menschen:

1. Schmerzen, Unlust und Leid möglichst vermeiden
2. Freude, Lust und Glück möglichst oft und möglichst sofort erreichen

Dabei ist die zweite dieser beiden Urtriebkräfte die stärkere Kraft: Wir wollen möglichst viel Freude, Lust und Glück erfahren. Wir leben nicht, um Schmerzen, Unlust und Leid zu vermeiden, sondern wir leben, um Freude zu empfinden.

Das Ganze sieht im Alltag wie folgt aus:

GEGENSTAND

⬇

Nicht kaufen können

⬇

Schmerz, Unlust, Leid

Oder aber, wenn man sich fürs Kaufen entscheidet:

GEGENSTAND

Kaufen und haben

Freude, Lust, Glück

Das bedeutet: Wenn wir uns Wünsche erfüllen können, spüren wir kurzfristig Freude und Glück. Dann ist alles in Ordnung. Es geht uns gut. Dieses Phänomen können im Übrigen viele (zumindest ehrliche) Erwachsene bestätigen: Es ist das so genannte »Glücksgefühl kaufen«. Das bedeutet, wenn jemand schlecht drauf ist, geht er mal kurz shoppen, und schon geht es ihm wieder besser.

Achtung: Kreditschmerzen

Wer nun Schulden macht, um sich etwas Schönes zu leisten, wer also Kredite aufnimmt, wird zunächst vom Gefühl der Freude und des Glücks getrieben. Die »Kreditschmerzen« kommen erst später. Dann, wenn es zu spät ist, das heißt, wenn der Kredit bereits aufgenommen wurde und die Kreditschulden zurückbezahlt werden müssen. In den Augenblicken des Konsums (Haben = Freude und Glück) werden die mit der späteren Rückzahlung verbundenen Kreditschmerzen schlichtweg verdrängt. »Da ergibt sich schon eine Lösung«, beruhigt man sich selbst, und ehe man sich versieht, hat die Schuldenfalle zugeschnappt.

Kredite und Sklaverei

Spannend ist dabei ein Blick in die Geschichte. Spannend deswegen, weil uns dieser Rückblick zeigt, wie weit Menschen bereit sind zu gehen, um nicht nur das nackte Überleben zu sichern, sondern um kurzfristig Freude, Lust und Glück zu empfinden. Bereits vor vielen tausend Jahren gab es Geldleiher. Auch damals mussten die Menschen eine Sicherheit, ein Pfand bieten, wollten sie Kredit erhalten. Entweder war die Sicherheit der eigene Arbeitslohn oder aber, wenn jemand keine Arbeit hatte, die Person des Kreditnehmers selbst. Konnten diejenigen, die sich selbst als Sicherheit für einen Kredit verpfändet hatten, diesen nicht mehr zurückzahlen, wurden sie zu Sklaven. Das bedeutet: Selbst dann, wenn das eigene Leben verpfändet wurde und erhebliche Schmerzen (als Sklaven) zu befürchten waren, war der kurzfristige Lustgewinn für viele Menschen damals schon wichtiger.

KAPITEL 7

Wie teuer es sein kann,
über seine Verhältnisse zu leben

Nehmen wir das Beispiel von Werner. Dies ist keine erfundene Geschichte, sondern Werner und seine im Folgenden beschriebenen Grundfehler gibt es wirklich.

Werners Situation

Werner ist 18 Jahre jung. Bis vor einem Jahr hatte er auf einem Sparbuch rund 5000 Euro. Diesen Betrag hatten seine Eltern und Großeltern über die Jahre angespart. Werner hat natürlich, weil er dazugehören will, ein Handy. In »teuren« Monaten, also dann, wenn er viel telefoniert und zahlreiche SMS-Nachrichten versendet, beträgt der Rechnungsbetrag schon einmal um die 180 Euro. Im letzten Jahr hat Werner monatlich im Durchschnitt für 130 Euro telefoniert. Das Taschengeld reicht, da Werner noch Schüler ist, schon lange nicht mehr aus. Also geht er neben der Schule als Lagerist jobben. Das bringt ihm jeden Monat 190 Euro. Mit diesem Geld und seinem Taschengeld kommt er eben so über die Runden. Durch den Einbruch an den Aktienmärkten in den letzten Monaten hat sich das ehemals auf dem Sparbuch angesammelte Vermögen erheblich reduziert. Werner hatte nämlich vor einem Jahr das gesamte Geld in Aktien investiert. Ziehen wir einmal Bilanz von Werners letzten 12 Monaten:

Verlust über Aktien	4500 Euro
»Verlust« über Handykosten	1560 Euro
SUMME	6060 Euro

Manchen wird es noch leichter sein, diesen Betrag in Mark nachzuvollziehen. Dafür multiplizieren Sie einfach den Eurobetrag ungefähr mit dem Faktor 2 und kommen so auf stolze zweimal 6060 Euro oder rund 12 120 Mark.

Wie Werners Reichtumstraum platzt

Das bedeutet: Werner, dessen Traum es ist, einmal richtig reich zu sein, hat allein in einem Jahr 6060 Euro verloren. Allein seine Handykosten machen davon 1560 Euro aus. Wer nun denkt, das sei ja schließlich nicht so viel, irrt gewaltig. Nehmen wir einmal an, Werner telefoniert auch in den nächsten vier Jahren so viel. Nutzen hat er keinen von diesem Handy. Klar, er ist für seine Freunde immer erreichbar, aber er selbst gibt mit dem Handy nur Geld aus. Nach weiteren vier Jahren sind es bereits insgesamt 7800 Euro, die er vertelefoniert hat. Ich habe selbst als Jugendlicher viel unnötiges Geld ausgegeben. Viel Geld verschwendet, weil mir dies alles viel zu spät gesagt wurde. Nehmen wir einmal an, Werner würde monatlich weiter für 30 Euro telefonieren (insgesamt waren es bisher durchschnittlich 130 Euro) und investiert die übrigen 100 Euro in einen international anlegenden, erfolgreichen Aktienfonds. Das macht er die gesamten fünf Jahre lang. Anschließend lässt er das Geld einfach liegen und sich vermehren. Was meinen Sie, kommt am Ende an Vermögen heraus, ohne das er auch nur einen Cent weiter einzahlt? Nochmals: Er ist 18 Jahre jung. Fünf Jahre lang, also bis zum 23. Lebensjahr investiert er monatlich 100 Euro, statt sie fürs Handy oder andere Dinge auszugeben, und wartet einfach, wie sich sein Geld entwickelt. Sie werden überrascht sein. 100 Euro über fünf Jahre monatlich investiert bringen, wenn Sie nach den fünf Jahren das angesparte Vermögen weitere 40 Jahre investieren lassen, am Ende ein Vermögen zwischen 300000 und bis zu eine Million. Nur deswegen, weil Sie als junger Mensch fünf Jahre lang gespart haben.

Sie sehen, selbst mit einer etwas cleveren Strategie und ein wenig niedrigeren Ausgaben kann Werner über die Jahre ein großes Vermögen ansparen.

Das Beispiel von Werner ist eines von vielen. Letzlich handelt es sich in den meisten Fällen um Konsumfallen. Konsum ist nichts anderes als Sparverzicht. Und Sparen und Investieren ist nichts anderes als Konsumverzicht.

Die Botschaft lautet: Überprüfen Sie Ihre finanzielle Situation. Versuchen Sie nicht, auf Teufel komm raus mit Ihren Freundinnen und Freunden mitzuhalten. Leben Sie nicht über Ihre Verhältnisse. Das gilt im Übrigen unabhängig vom Alter in jeder Lebensphase!

Auszubildende und Handyschulden

Das Beispiel von Werner ist keineswegs ein Einzelfall. Die Frankfurter Allgemeine Zeitung berichtete in ihrer Ausgabe vom 24. 3. 2001 »Unter Auszubildenden sind Handykosten von bis zu 500 Euro im Monat keine Seltenheit«. Bereits die Schüler telefonieren tatsächlich im Schnitt für 125 Euro/Monat, wie Sabine Schwinoch von der Schuldnerhilfe Köln feststellte. Neben dem Handy sind die Hauptkosten

- Kleidung
- Videos

Die Botschaft lautet: Clevere Jugendliche und Auszubildende verzichten lieber heute auf so manche IcliDi-(Ich liebe Dich)-SMS-Nachricht und investieren das Geld stattdessen in einen erfolgreichen Aktienfonds.

KAPITEL 8

Konsum, die Kunst des Loslassens und die 14-Tage-Regel

Mit die wichtigsten Lektionen für das Leben, die jedoch an keiner Schule gelehrt werden, sind die Lektionen zum Thema Konsum. Jeder kann an sich selbst testen, wie sehr uns Werbung verleitet, Dinge zu kaufen, die wir gar nicht so dringend brauchen. Es ist immer das Gleiche: Wir sehen einen Gegenstand, entweder bei Freunden, in irgendeinem Schaufenster oder irgendeinem Geschäft und denken plötzlich, wir könnten ohne dieses Ding nicht mehr leben. Wir müssen es daher kaufen. Klingt logisch, oder!? Dabei gilt: Jeder Euro, der mehr für Konsum ausgegeben wird, fehlt auf der Sparseite. Konsumieren bedeutet also Sparverzicht oder andersherum: Sparen bedeutet Konsumverzicht. Konsum, insbesondere bei Jugendlichen, hat meist drei Gründe:

- Gesellschaftlicher Druck
- Geld ausgeben, um sich wohl zu fühlen
- Geld ausgeben, um dabei zu sein

Wir haben gemeinsam mit 20 Studenten einer Fachhochschule in diesem Zusammenhang eine spannende Studie durchgeführt: Jeder Student sprach mit zehn Jugendlichen in seinem Umfeld. Folgendes wurde zwischen den Studenten und den Jugendlichen vereinbart: Fünf der Jugendlichen sollten in den kommenden acht Wochen so weiterleben wie bislang. Also einfach unverändert konsumieren. Mit den anderen fünf Jugendlichen wurde vereinbart, dass sie in den kommenden acht Wochen Gegenstände, die sie bislang spontan gekauft hätten, einfach zurücklegen (loslassen!) und erst zwei Wochen später, also nach einer Frist von 14 Tagen, die endgültige Kaufentscheidung treffen sollten. Dann wurden die Konsumausgaben beider Gruppen vor und nach dieser kleinen Studie verglichen. Das Ergebnis war eindeutig: Allein durch das Loslassen (jeder kennt den Spruch »Aus den Augen, aus dem Sinn«) verringerte sich der Konsum der zweiten Gruppe gegenüber dem Konsum der ersten drastisch. Die meisten Jugendlichen der zweiten Gruppe berichteten, wie sie bereits nach wenigen Tagen den Gegenstand, den sie, als sie ihn das erste Mal sahen, unbedingt kaufen wollten, schlichtweg vergessen hatten.

Tipp:
Üben Sie diese Kunst des Loslassens so oft es geht. Dann nehmen Sie ein Sparschwein und werfen den Betrag, den Sie ohne Loslassen für irgendeinen Gegenstand ausgegeben hätten, hinein. Sie werden sich wundern, was an Vermögen in wenigen Monaten zusammenkommt. Das soll nun keineswegs bedeuten, dass Sie sich ab sofort nichts Schönes mehr leisten sollen. Doch dieser kleine Trick – Loslassen und 14 Tage warten – hilft, wirkliche Wünsche zu erkennen und sie von erzeugten Wünschen (Sehen, Habenwollen) zu unterscheiden.

KAPITEL 9

Wie sinkende Ausgaben Ihr Vermögen erhöhen

Besonders spannend ist es, einmal nachzurechnen, wie viel Vermögen im Laufe der Jahre durch unnötigen oder schlichtweg überflüssigen Konsum verloren geht. Mal hier eine Pizza, mal dort ein Kinobesuch, ruck, zuck sind – wie viele Jugendliche mir in Gesprächen immer wieder bestätigen – am Wochenende mal 50 oder 100 Euro weg. Und: In vielen Fällen weiß man gar nicht, wo das Geld geblieben ist. Im Folgenden verrate ich Ihnen mit einer ganz besonderen Checkliste, wie Sie diesen Konsum künftig betrachten sollten. Zunächst wählen Sie aus der Tabelle »Der persönliche Konsumfaktor« Ihren ganz persönlichen Konsumfaktor aus. Diese Zahl prägen Sie sich ein und multiplizieren künftig immer mal wieder mit diesem Faktor, wenn es ans Konsumieren geht. Sie werden feststellen, in manchen Situationen stecken Sie Ihr Geld lieber wieder ein. Wichtig ist jedoch, dass Sie dieses Geld nicht anderweitig ausgeben, sondern in Ihr Konsumsparschwein werfen. Sie werden staunen, was hier an Geld im Laufe der Zeit zusammenkommt.

Was aus 100 Euro bei X Prozent Rendite an Vermögen wird

Jahre	6 Prozent	8 Prozent	10 Prozent	12 Prozent
10	179	216	259	311
15	240	317	418	547
20	321	466	673	965
25	429	685	1083	1700
30	574	1006	1745	3000
35	769	1479	2810	5280
40	1029	2172	4526	9305
45	1376	3192	?	?
50	1842	4690	?	?
55	2465	6891	?	?

© Bernd W. Klöckner

So lesen Sie diese Tabelle: Wer 100 Euro ausgibt, der gibt auf Sicht von 30 Jahren bei einer angenommenen Rendite von 10 Prozent eigentlich 1745 Euro aus. Oder mit anderen Worten: Diese 100 Euro, angelegt in einem erfolgreichen Aktienfonds, würden sich im Laufe der 30 Jahre zu rund 1745 Euro Vermögen entwickeln.

Wer die Tabelle aufmerksam gelesen hat, wird festgestellt haben, dass einige Zahlen fehlen. Bitte ergänzen Sie nun diese Zahlen:

1.
Eine Einmalanlage von **100 Euro**, angelegt über **45 Jahre** bei einer angenommenen Rendite von **10 Prozent** ergibt wie viel? Schätzen Sie jetzt

_____ Euro

2.
Eine Einmalanlage von **100 Euro**, angelegt über **50 Jahre** bei einer angenommenen Rendite von **10 Prozent** ergibt wie viel? Schätzen Sie jetzt

_____ Euro

3.
Eine Einmalanlage von **100 Euro**, angelegt über **55 Jahre** bei einer angenommenen Rendite von **10 Prozent** ergibt wie viel? Schätzen Sie jetzt

_____ Euro

4.
Eine Einmalanlage von **100 Euro**, angelegt über **45 Jahre** bei einer angenommenen Rendite von **12 Prozent** ergibt wie viel? Schätzen Sie jetzt

_____ Euro

5.
Eine Einmalanlage von **100 Euro**, angelegt über **50 Jahre** bei einer angenommenen Rendite von **12 Prozent** ergibt wie viel? Schätzen Sie jetzt

_____ Euro

6.
Eine Einmalanlage von **100 Euro**, angelegt über **55 Jahre** bei einer angenommenen Rendite von **12 Prozent** ergibt wie viel? Schätzen Sie jetzt

_____ Euro

Wenn Sie Ihre Schätzungen eingetragen haben, verrate ich Ihnen die Lösung. Die fehlenden Zahlen in der Tabelle mit der Rendite von 10 Prozent lauten:

7289

11 739

18 906

Für die Rendite von 12 Prozent:

16 400

28 900

50 932

Mit anderen Worten: 100 Euro einmalig angelegt (oder gespart, also weniger konsumiert), ergeben nach 55 Jahren über 50 000 Euro an Vermögen.

Im Folgenden ist nun die Tabelle mit den Konsumfaktoren abgedruckt, die sich jeder für die eigene, individuelle Situation merken und mit dem jeder Konsumbetrag richtig berechnet werden kann.

Der persönliche Konsumfaktor

Bezogen auf die Ausgabe von 100 Euro

Jahre	6 Prozent	8 Prozent	10 Prozent	12 Prozent
10	1,8	2,2	2,6	3,1
15	2,4	3,2	4,2	5,5
20	3,2	4,7	6,7	9,7
25	4,3	6,9	10,8	17,0
30	5,7	10,1	17,5	30,0
35	7,7	14,8	28,1	52,8
40	10,3	21,7	45,3	93,1
45	13,8	31,9	72,9	164,0
50	18,4	46,9	117,4	289,0
55	24,7	68,9	189,1	509,3

© Bernd W. Klöckner

So rechnen Sie mit der Tabelle: Beispiel: Sie sind 15 Jahre jung und nehmen sich vor, bis zum 55. Lebensjahr clever zu sparen und Geld zu investieren. Sie wählen somit eine Anlagedauer von 40 Jahren. Ihr Geld investieren Sie in erfolgreiche Aktienfonds, was bedeutet, dass Sie mit einer Rendite von 10 oder 12 Prozent über die lange Laufzeit kalkulieren können. Je nach Rendite liegt Ihr Konsumfaktor (vgl. Tabelle) dann bei

45,3 oder 91,1

Leisten Sie sich also heute etwas für 100 Euro, dann haben Sie aus Sicht der gewählten Anlagedauer folgende Beträge ausgegeben

100 Euro × 45,3 = 4530 Euro
oder
100 Euro × 91,1 = 9110 Euro

Wenn Sie jetzt für irgendwelche teuren Modeklamotten oder für irgendwelche teuren technischen Spielereien, möglicherweise das neueste Superhandy, 300 Euro ausgeben, dann können Sie mit diesem persönlichen Konsumfaktor in Sekundenschnelle ausrechnen, wie viel Sie tatsächlich ausgeben werden. In diesem Fall wären es bei einer angenommenen Rendite von 10 Prozent

300 Euro × 45,3 = rund 13 600 Euro ·

und bei einer angenommenen Rendite von 12 Prozent

300 Euro × 91,1 = rund 27 000 Euro

Wichtig dabei ist: 40 Jahre Anlagedauer klingen zunächst sehr lang, und viele Menschen meinen, über diese lange Laufzeit könne man nicht planen. Darum geht es jedoch nicht. Es geht darum, wie viel Geld Ihnen wirklich über lange Zeit gesehen aus der Tasche fließt, wenn Sie – ohne oder mit nur wenig Kontrolle – Geld ausgeben. Es sind eben nicht nur die 100 Euro oder 300 Euro für ein neues Handy. Es sind auf lange Sicht gesehen, viele tausend Euro, die Ihnen verloren gehen.

Suchen Sie jetzt aus der Tabelle Ihren ganz persönlichen Konsumfaktor und merken Sie sich die Zahl.

Dazu noch zwei Beispiele:

Sie wollen über 30 Jahre kalkulieren und rechnen mit 12 Prozent Rendite, dann ist der Konsumfaktor laut Tabelle die Zahl 30.

Sie wollen über 45 Jahre kalkulieren und rechnen mit 12 Prozent Rendite, dann ist der Konsumfaktor laut Tabelle die Zahl 164.

Die Botschaft lautet: Wenn Sie künftig größere Beträge ausgeben wollen, multiplizieren Sie diese mit Ihrem persönlichen Konsumfaktor und fragen sich dann, ob sie wirklich auf so viel Geldchancen verzichten wollen. Wenn Sie sich dann gegen den Konsum und fürs Sparen entscheiden, nehmen Sie den Betrag, den Sie ausgeben wollten, und investieren ihn zusätzlich in ihre bereits vorhandenen Sparpläne.

KAPITEL 10

Trennen Sie Sparen und Konsumieren

Vielen Menschen fällt es schwer, Sparen und Konsumieren zu trennen. Es ist auch eine verlockende Sache, von gespartem Geld sich selbst einmal etwas zu gönnen. Wer 5000 Euro gespart hat, nimmt schnell mal 1000 Euro, um sich eine ganz besonders teure Sache, eine gute Stereoanlage oder sonst etwas zu leisten. Je mehr Geld auf einem Sparkonto anwächst, desto leichter fällt es im Laufe der Zeit, größere Beträge abzuheben und sich einmal etwas Teures zu kaufen. Im Folgenden zeige ich an zwei unterschiedlichen »Spartypen«, wie sich zwischenzeitliche (steigende) Konsumentnahmen am Ende auswirken können.

Spartyp 1, 15 Jahre jung, spart monatlich 25 Euro Taschengeld. Das Geld investiert er in international anlegende, erfolgreiche Aktienfonds. Die Entwicklung dieses Geldes sieht bei einer angenommenen Rendite von 10 Prozent pro Jahr wie folgt aus:

Was aus 25 Euro monatlich gespartem Taschengeld werden kann
(Rendite 10 Prozent jährlich)

Nach… Jahren	Vermögen
5	1 914 Euro
10	5 000 Euro
15	9 960 Euro
20	18 000 Euro
25	30 800 Euro
30	51 600 Euro
35	85 000 Euro
40	140 000 Euro
45	225 000 Euro
50	365 000 Euro

© FINANZ-INSTITUT Klöckner KG, Lahnstein, www.yomo.de

Noch besser ist das Ergebnis natürlich, wenn man mit der Rendite pro Jahr rechnet, die der Wertentwicklung des Dow Jones, des amerikanischen Börsenindex, in den Jahren 1980 bis 2000 zu Grunde lag. In diesen 20 Börsenjahren lag die Rendite der Aktienanlage, trotz zwischenzeitlicher Crashs wie 1987 und 1989, bei rund 13,4 Prozent. Kalkuliert man mit dieser Rendite pro Jahr, entwickelt sich das Vermögen des Spartyps 1 wie folgt:

Was aus 25 Euro monatlich gespartem Taschengeld werden kann
(Rendite 13,4 Prozent jährlich)

Nach… Jahren	Vermögen
5	2 077 Euro
10	5 970 Euro
15	13 300 Euro
20	27 000 Euro
25	52 700 Euro
30	100 840 Euro
35	191 200 Euro
40	360 000 Euro
45	678 000 Euro
50	1 270 000 Euro

© FINANZ-INSTITUT Klöckner KG, Lahnstein, www.yomo.de

Das Ergebnis: Wer diesen Sparplan mit lediglich 25 Euro monatlich durchhält, verfügt am Ende der Sparzeit über ein beträchtliches Vermögen, je nach Laufzeit und Rendite der jeweiligen Geldanlage wird derjenige sogar Millionär.

Betrachten wir im Folgenden Spartyp 2. Dieser spart ebenfalls fleißig. Er hat nur eine Schwäche: Alle fünf Jahre rechnet er sein Vermögen nach und belohnt sich für sein Sparen, indem er einen bestimmten Betrag entnimmt und sich dafür etwas Schönes, was er zwar nicht unbedingt benötigt, aber schon immer mal haben wollte, leistet.

Was aus 25 Euro monatlich gespartem Taschengeld werden kann, inkl. Entnahmen
(Rendite 10 Prozent jährlich)

Nach... Jahren	Vermögen	Entnahme
5	1 914 Euro	200 Euro
10	4 670 Euro	800 Euro
15	8 150 Euro	1000 Euro
20	13 430 Euro	1200 Euro
25	21 600 Euro	1500 Euro
30	34 300 Euro	2000 Euro
35	53 900 Euro	4000 Euro
40	82 400 Euro	5000 Euro
45	126 500 Euro	8000 Euro
50	193 000 Euro	————

Wie Sie sehen, steigt mit den Jahren auch die Höhe der Entnahmen, da Spartyp 2 im Laufe der Zeit auch über ein höheres Vermögen verfügt.

Nun folgt die Tabelle für Spartyp 2 bei einer Rendite von 13,4 Prozent jährlich. An dieser Stelle nochmals der Hinweis: Diese Rendite entspricht der Wertentwicklung am amerikanischen Börsenmarkt, berechnet anhand der Wertentwicklung des Dow Jones Index für die Jahre 1980 bis 2000. Die Renditeannahme von 13,4 Prozent ist dabei ebenso wenig wie die Renditeannahme von 10 Prozent oder jede andere Renditeannahme in Zusammenhang mit der Investition in Aktien eine Garantie. Nun jedoch zu den Zahlen für den Spartyp 2 bei Berechnung mit dieser etwas höheren Rendite.

Eine Rendite von jährlich zehn Prozent war in der Vergangenheit mit langfristigen Sparplänen fast immer über die Anlage in Aktienfonds zu erzielen. Dabei gilt: Eine Garantie für diese Renditeannahme gibt es nicht. Doch selbst die bekannte und anerkannte Zeitschrift *Finanztest* geht in zahlreichen Vergleichen beim langfristigen Aktienfondssparen von Renditen um die zehn Prozent aus. Wichtig ist: Wie Sie in jedem Fall sehen, steigt mit den Jahren auch die Höhe der Entnahme (Spartyp 2).

Was aus 25 Euro monatlich gespartem Taschengeld werden kann, inkl. Entnahmen
(Rendite 13,4 Prozent jährlich)

Nach… Jahren	Vermögen	Entnahme
5	2 077 Euro	200 Euro
10	5 597 Euro	800 Euro
15	11 073 Euro	1000 Euro
20	20 968 Euro	1200 Euro
25	39 148 Euro	1500 Euro
30	72 677 Euro	2000 Euro
35	134 617 Euro	4000 Euro
40	247 021 Euro	5000 Euro
45	455 933 Euro	8000 Euro
50	842 000 Euro	———-

© FINANZ-INSTITUT Klöckner KG, Lahnstein, www.berndwkloeckner.de

Ergebnis: Wer, wie in unserer ersten Tabelle des Spartyps 2, nach 35 Jahren 53 900 Euro besitzt, wird schnell einmal 4000 Euro von diesem Vermögen entnehmen, um sich eine besondere Anschaffung, beispielsweise die Anzahlung für ein neues Auto, eine teure Küche oder sonst etwas zu leisten. Dabei gilt: Je größer das bereits angesparte Vermögen, desto größer werden diese zwischenzeitlichen Entnahmen sein. Schließlich will man sich ja auch einmal selbst belohnen und was sind bei einem Vermögen von 53 900 Euro schon 4000 Euro Entnahme. Es sind ja weniger als zehn Prozent, die entnommen werden. Diese Denkweise ist jedoch ein großer Fehler. Möglicherweise werden schon die Ersten unter Ihnen nachgerechnet haben, wie teuer die Entnahmen – die jede für sich kaum auffällt – unterm Strich wirklich gewesen sind. Vergleichen wir einmal den Vermögensstand zum Ende der 50 Jahre Laufzeit:

	Ohne Entnahme	Mit Entnahme	Differenz
10 Prozent	365 000	193 000	172 000
13,4 Prozent	1,27 Mio.	842 080	427 920

Die zwischenzeitlichen Entnahmen des Spartyps 2 summieren sich auf einen hohen sechsstelligen Betrag im Laufe der Jahre. Obwohl es nur hier mal einige hundert, später ein paar tausend Euro sind, ist es, über die Jahre betrachtet, ein sehr, sehr großes Vermögen.

Die Botschaft lautet: Trennen Sie Sparen und Konsumieren. Denn: Wenn Sie es trennen, dann überlegen Sie bei größeren Konsumausgaben eher, ob diese Ausgaben wirklich sein müssen, als wenn Sie das Geld aus dem großen Sparguthaben entnehmen und es daher nicht so auffällt. Das bedeutet nicht, dass Sie sich nichts gönnen sollten. Wichtig ist nur, dass Sie Ihr angespartes Vermögen unangetastet weiterhin für sich arbeiten lassen.

KAPITEL 11

Zwei Geldgefühle,
die jeden Millionärstraum verhindern

A_ _ _ _ & G_ _ _

STOPP – Bevor Sie nun dieses Kapitel lesen, erraten Sie die beiden oben genannten Begriffe. Es geht um zwei Emotionen, die Sie auf Ihrem Weg zu Reichtum und Wohlstand immer wieder blockieren, einengen oder sogar völlig von Ihren Reichtumsplänen abbringen werden. Wie immer gilt: Je intensiver Sie sich eine Minute lang bemühen, diese beiden Begriffe zu erraten, desto intensiver wird sich der folgende Beitrag in Ihrem Gedächtnis verankern. Die Zeit läuft, raten Sie jetzt...

1 MINUTE DENKPAUSE

Robert T. Kiyosaki hat den Begriff »Sklave des Geldes« geprägt. Das bedeutet: Viele Menschen sind aus Angst und Gier in der Geldfalle gefangen. Genau das waren die beiden oben gesuchten Begriffe: Angst und Gier. Wer nicht mit diesen Emotionen zurechtkommt, kann nicht wirklich reich werden. Wer wirklich reich werden will, muss diese beiden Gefühle beherrschen lernen. Oder wie Kiyosaki schreibt: **»Wenn man reich wird, ohne seine Gefühle zu beherrschen, wird man nur ein gut bezahlter Sklave.«**

Die Botschaft der Gewinner, der wirklich Reichen lautet also: **Beherrsche deine Gefühle. Beherrsche vor allem Angst und Gier.** Warum ist das so wichtig? Die Erklärung ist ebenso einfach wie zutreffend.

Angst vor Armut und die Geldfalle Gier

Die Mehrheit der Menschen lebt in der Angst vor finanziellen Schwierigkeiten und Armut. Das bedeutet: Diese Menschen arbeiten und arbeiten, um zu genug Geld zu kommen und die Angst zu besiegen. Dann schlägt die Stunde der Gier. Dann will man HABEN. Sich endlich mal was leisten. Mit den anderen mitziehen. Es ist die Gier nach mehr. Zack, schon hat man wieder dieses und jenes gekauft, zwischendurch auch mal ein Auto auf Kredit, und schon ist sie wieder da, die Angst. Die Folge: Es wird wieder gearbeitet, um die Angst zu besiegen. Es wird noch mehr gearbeitet, und mit noch mehr Geld kann die noch größere Gier bezwungen werden, was wiederum noch größere Angst auslöst.

Und so dreht sich die Spirale in Richtung »gut bezahlter Sklave«. Je älter man wird, desto teurer wird alles, je teurer alles wird und je mehr man sich leistet, desto größer wird die Angst, das Geld könnte nicht (immer) reichen, und umso mehr muss man verdienen, je mehr man verdient, desto teurer werden die Sachen, nach denen man gierig wird.

Die Lösung: »Risiko« und Sparen

Reiche Menschen drehen diese Emotionsspirale um. Reiche Menschen setzen auf Risiko (was sich bei näherem Betrachten gar nicht immer als solches herausstellt) und beherrschen ihre Gier. Reiche Menschen sparen!

Risiko

Sparen

Mit Risiko ist gemeint, dass reiche Menschen auch Investitionen wagen, bei denen andere immer nur sagen:»Das kann doch nicht gut gehen.« Mit Risiko ist auch gemeint, dass viele reiche Menschen irgendwann vor der Entscheidung standen, einen beruflichen Neuanfang zu wagen. Mit Risiko ist natürlich auch gemeint, dass reiche Menschen Aktien und Aktienfonds in ihre Anlage-überlegungen einbeziehen. Also Anlageformen, die von vielen Menschen (aus Unwissenheit) als vermeintlich risikoreich einge-stuft werden, die jedoch über längere Laufzeiten hinweg Renten-papiere in vielen Fällen hinsichtlich der Rendite um Längen ge-schlagen haben. Wobei Aktien Unternehmensbeteiligungen sind und bleiben und damit grundsätzlich ein höheres Risiko aufwei-sen als Rentenpapiere.

Die Botschaft der Gewinner lautet also: Lernen Sie die beiden Geldemotionen Angst und Gier zu beherrschen. Beherrschen Sie Angst und Gier, dann beherrschen Sie in Ihrem Leben ihr Geld und Ihr Geld beherrscht nicht Ihr Leben.

TEIL III

Strategien zur ersten Million

KAPITEL 1

Mit Kindergeld zum Millionär

Nun komme ich auf eine ganz besondere Sparvariante zu sprechen. Es geht darum, wie das Kindergeld, über Jahre angelegt, zu einem sehr großen Vermögen werden kann. Wir gehen von zwei Sparvarianten aus.

Variante A
Eltern legen (zumindest zum Teil) das Kindergeld in einem erfolgreichen Aktienfonds an. Wir gehen davon aus, dass ab dem Zeitpunkt, zu dem kein Kindergeld mehr gezahlt wird, das Kind weiter den gleichen Betrag investiert.

Variante B
Die Eltern legen (zumindest zum Teil) das Kindergeld in einem erfolgreichen Aktienfonds an. Zu dem Zeitpunkt, zu dem kein Kindergeld mehr gezahlt wird, hören die Eltern auf zu sparen. Auch das Kind zahlt nichts mehr weiter ein. Das Geld bleibt lediglich liegen und vermehrt sich.

Hinweis:
In beiden Fällen wurde mit einer monatlichen Rate von 50 Euro gerechnet. Es wurde also nicht das ganze Kindergeld investiert. Wenn Sie jedoch persönlich mehr investieren und das mögliche Endergebnis wissen wollen, brauchen Sie den abgelesenen Betrag lediglich mit dem jeweiligen Faktor zu multiplizieren.

Beispiel:
Angenommen, Sie wollen 100 Euro monatlich investieren. Dann beträgt Ihr Faktor: 2 = 100 Euro (Ihre Rate) dividiert durch 50 Euro (Annahme für unser Rechenbeispiel). Sie multiplizieren also einfach die Zahlen aus der Tabelle mit dem Faktor 2. Bei 150 Euro ist es der Faktor 3 usw.

Kommen wir nun zu den einzelnen Ergebnissen der beiden Varianten.

Variante A
50 Euro monatlich bis zum

	7 Prozent	10 Prozent
50. Lebensjahr	251 000 Euro	730 000 Euro
60. Lebensjahr	500 000 Euro	1,9 Millionen
70. Lebensjahr	1 Million	4,9 Millionen

Variante B
50 Euro monatlich bis zum 20. Lebensjahr, dann bleibt das Geld als Anlage liegen bis zum

	7 Prozent	10 Prozent
50. Lebensjahr	193 000 Euro	630 000 Euro
60. Lebensjahr	380 000 Euro	1,6 Millionen
70. Lebensjahr	750 000 Euro	4,2 Millionen

KAPITEL 2

Mit »Spaßgeld« zum Millionär

Am 31. Mai 2001 gab es auf der Realschule Karthause bei Koblenz einen Geldunterricht. 1½ Stunden sprach ich zu 25 Schülerinnen und Schüler über das Thema Geld. Diesen Geldunterricht hatten die Schulleiterin, der stellvertretende Schulleiter und die beiden Klassenlehrer gemeinsam arrangiert. Unter anderem ging es um Folgendes: Die Schüler/innen sollten notieren, welche Beträge sie in den letzten drei Jahren sozusagen nebenbei, aus Spaß, ausgegeben hatten, und zwar für Dinge, die sie angeblich unbedingt benötigten, danach jedoch kaum benutzten. Es ging darum herauszufinden, wie viel Geld »so nebenbei verschwindet«. Ich nenne das Geld »Spaßgeld«, weil es oft für Dinge ausgegeben wird, die uns kurzfristig Spaß und Freude bereiten, langfristig jedoch kaum beachtet werden. Im Folgenden das Ergebnis (auszugsweise) der teils erschreckend hohen Beträge, die Jugendliche bei dieser Übung notiert haben.

Daniel	17 Jahre	3500 Euro
Florian	17 Jahre	2000 Euro
Christoph	16 Jahre	1000 Euro
Markus	17 Jahre	2500 Euro
Maria	18 Jahre	2000 Euro
Tobias	17 Jahre	2500 Euro
Nico	17 Jahre	2500 Euro
Olga	18 Jahre	3000 Euro
Janin	17 Jahre	5000 Euro

Nun die Vervielfältigungsfaktoren je 500 Euro für den Fall, dass solches Spaßgeld in internationale Aktienfonds angelegt würde. Die Rendite beträgt angenommen 10 Prozent.

Anlagedauer	20 Jahre	Faktor	7
Anlagedauer	30 Jahre	Faktor	17
Anlagedauer	40 Jahre	Faktor	45
Anlagedauer	50 Jahre	Faktor	117
Anlagedauer	60 Jahre	Faktor	304

Im Folgenden finden Sie die Endbeträge für die jeweiligen Schüler, wenn diese ihr Spaßgeld für die Laufzeit von 40 Jahren (Faktor je 500 Euro = 45) angelegt hätten. Jeder dieser Spaßgeld-Beträge, die quasi nebenbei über drei Jahre konsumiert wurden, hätte – angelegt – sich zu einem beträchtlichen Vermögen entwickelt:

Daniel	17 Jahre	3500 Euro	157 500 Euro
Florian	17 Jahre	2000 Euro	90 000 Euro
Christoph	16 Jahre	1000 Euro	45 000 Euro
Markus	17 Jahre	2500 Euro	112 500 Euro
Maria	18 Jahre	2000 Euro	90 000 Euro
Tobias	17 Jahre	2500 Euro	112 500 Euro
Nico	17 Jahre	2500 Euro	112 500 Euro
Olga	18 Jahre	3000 Euro	135 000 Euro
Janin	17 Jahre	5000 Euro	225 000 Euro

Die Botschaft lautet: Geben Sie nicht zu viel Spaßgeld aus. Geld für wirkliche Wünsche auszugeben ist selbstverständlich in Ordnung. Doch achten Sie ab jetzt bewusst auf die vielfältigen »Spaßgeld«-Ausgaben. Ausgaben für irgendwelche Gegenstände, die Sie oft nach kurzer Zeit schon nicht mehr benutzen. Im Übrigen: Spaßgeld kann auch das Geld von Oma, Opa und Verwandten zum Geburtstag oder zu Weihnachten sein. Investieren Sie dieses Geld!

KAPITEL 3

Mühelos reich werden –
Das Geheimnis des 2-Jahres-Vermögens

In diesem Kapitel möchte ich mit Ihnen über eine Gesetzmäßigkeit sprechen, die Sie Ihren jüngeren oder auch »mittelalterlichen« Freunden und Bekannten unbedingt weitererzählen müssen. Es geht gewissermaßen um einen Geldtrick, der eine geschickte, verblüffend einfache Geldstrategie für jüngere Menschen ist.

Hintergrund: Die meisten von uns tappen nahezu unbewusst in eine Konsumfalle. Kam man bis gestern noch mit weniger als 500 Euro aus, stehen jetzt 1500 oder 2000 netto auf dem Gehaltsstreifen, und trotzdem reicht das Geld plötzlich nicht mehr aus. Das ist der Zeitpunkt der ersten Kreditkarte(n). Erstmals wird Geld verschwendet. Man ist mit anderen jungen Menschen zusammen, die ebenfalls zum ersten Mal über verhältnismäßig viel Geld verfügen, und will mithalten. Wir beginnen zu kaufen, um uns zu belohnen, um abzuschalten, um mitzuhalten. Dann folgt der Lebenspartner. Beide verdienen gut, die Wünsche schnellen weiter in die Höhe, möglicherweise steht die Familiengründung an, neues Geld muss her, der nächste Karriereschritt ist wichtig usw.

Als ich 1998 mit einem jüngeren Seminarteilnehmer, Daniel, sprach, stellte sich heraus, dass er soeben am Beginn dieser Konsumverführung stand. Ich verriet ihm damals die wertvolle 2-Jahres-Vermögensstrategie. Daniel hatte gerade sein Studium abgeschlossen und bekam von mir die Hausaufgabe, die ersten zwei Jahre seiner Berufstätigkeit zu sparen, was möglich ist. Seine Aufgabe war es, auf die Erfüllung von Wünschen zu verzichten (Sie erinnern sich an die gefährlichen, eingebildeten Wünsche). Das Ergebnis: Nach zwei Jahren, es war Anfang 2000, hatte Daniel einen Betrag von 25 000 Euro zur Seite gelegt.

Daniel war nun 27 Jahre jung, und wir rechneten gemeinsam nach, was aus diesem Geld im Laufe der Jahre werden könnte:

Jahre	10 Prozent	13,46 Prozent
10	65 000	88 000
20	170 000	436 000
30	436 000	1,1 Millionen

Als wir diese Zahlen gemeinsam errechnet hatten, wollte Daniel unbedingt wissen, was bis zum 65. Lebensjahr aus seinen 25 000 Euro werden könnte. Ich ließ ihn die Zahlen zunächst schätzen und bitte Sie, dies ebenfalls einmal zu tun:

Endalter	10 Prozent	13,46 Prozent
65	_____	_____

Haben Sie die beiden Beträge auf der Grundlage der Zahlen aus der letzten Tabelle geschätzt? Dann verrate ich Ihnen die Lösung: Bei einer Rendite von jährlich 10 Prozent beträgt das Vermögen von Daniel, wenn er 65 Jahre alt ist, 940 000 Euro. Bei einer Rendite von 13,46 Prozent sind es rund 3 Millionen Euro. Für alle kritischen Leser noch eine Anmerkung: Selbst unter Berücksichtigung einer Inflation in Höhe von 3 Prozent jährlich liegt das Vermögen im ersten Fall (10 Prozent) bei immerhin inflationsbereinigten 300 000 Euro und im zweiten Fall (13,46 Prozent) bei rund 1 Million Euro. Nochmals zur Erklärung: Daniel würde dann beispielsweise bei einer Rendite von 13,46 Prozent ein Vermögen in Höhe von rund 1 Million Euro besitzen. Die Kaufkraft von diesen 3 Millionen beträgt jedoch nur noch so viel wie heute 1 Million. Oder mit anderen Worten: Daniel könnte sich mit diesen 3 Millionen so viel kaufen, wie er heute mit 1 Million kaufen kann.

Nach diesen zwei Jahren war Daniel klar, dass er auf einem großen Vermögen saß, das ihm jedes Jahr neue Einkünfte bescheren und sein Gesamtvermögen erhöhen würde.

Das 2-Jahres-Vermögen und Geldfehler

Wenn ich in Seminaren, insbesondere mit jungen Menschen, solche Beispiele bringe, gibt es einige Teilnehmer, die sagen:

»So wichtig kann das ja nun auch nicht sein. Wenn ich mit 30 oder 35 Jahren beginne zu sparen, habe ich doch mehr als genug Zeit. Außerdem habe ich dann noch mehr Geld, das ich sparen und investieren kann.«

Diese Denkweise ist durchaus nachvollziehbar. Schließlich ist der Unterschied zwischen Daniels damals 27 Jahren und möglichen 30 oder 35 Jahren als Sparbeginn nicht so groß.

Im Folgenden möchte ich Ihnen deshalb zeigen, wie teuer es wirklich ist, wenn jemand mit 30 oder 35 Jahren von diesem 2-Jahres-Vermögen hört, selbst in jungen Jahren jedoch nicht gespart und investiert hat, und nun diesen Fehler ausbügeln möchte.

Nehmen wir Michael, einen von Daniels besten Freunden. Er hat bislang so richtig in Saus und Braus gelebt: alle zwei Jahre ein neueres Auto, ständig teure Urlaubsreisen, gerne und oft mit Freunden teuer essen gegangen und natürlich stets Markenklamotten gekauft. Dabei gilt: Es kann nicht das Geringste gegen diese Lebensweise gesagt werden. Es geht nicht um die Frage: »Finde ich das gut?« oder »Finde ich das schlecht?« Es geht ausschließlich um die Frage, wer cleverer mit seinem Geld umgeht, wer cleverer spart, wer unterm Strich viel weniger sparen und investieren muss und dennoch später das weitaus größere Vermögen besitzt.

Ich möchte Ihnen hierzu wieder einige Schätzfragen stellen und bitte Sie mitzumachen. Auch bei dieser kleinen Übung gilt: Wenn Sie Lehrer oder Erzieher sind oder anderweitig mit jungen Menschen zu tun haben, besprechen Sie mit ihnen gemeinsam das Beispiel von Daniel bis hin zum möglichen Vermögen, über das Daniel mit 65 Jahren verfügen wird. Dann lassen Sie alle Beteiligten die Antwort auf die folgenden Fragen schätzen.

Frage 1:

Angenommen, Michael erfährt mit 30 Jahren, welches Vermögen Daniel voraussichtlich mit 65 Jahren, also zum erwarteten Rentenbeginn, besitzen wird. Jetzt macht auch Michael sich ein wenig Sorgen um die eigene Altersabsicherung. Schließlich hat er bis heute nichts dafür getan. Er lässt sich nun ausrechnen, wie viel er monatlich sparen müsste ...

1a)

... um bei einer Rendite von 10 Prozent in den verbleibenden 35 Jahren ein Vermögen von 940 000 Euro zu erreichen.

1b)

... um bei einer Rendite von 13,46 Prozent in den verbleibenden 35 Jahren ein Vermögen von 3 Millionen zu erreichen.

Frage 2:

Wiederum angenommen, Michael erfährt mit 35 Jahren, welches Vermögen Daniel voraussichtlich mit 65 Jahren, also zum erwarteten Rentenbeginn, besitzen wird. Jetzt macht er sich ebenfalls ein wenig Sorgen um die eigene Altersabsicherung. Er hat nämlich selbst noch nichts getan. Er lässt sich nun ausrechnen, wie viel er monatlich sparen müsste ...

2a)

... um bei einer Rendite von 10 Prozent in den verbleibenden 30 Jahren ein Vermögen von 940 000 Euro zu erreichen.

2b)

... um bei einer Rendite von 13,46 Prozent in den verbleibenden 30 Jahren ein Vermögen von 3 Millionen zu erreichen.

Schätztabelle

Schätzung für ...		
Frage 1a	_____	Euro / Monat
Frage 1b	_____	Euro / Monat
Frage 2a	_____	Euro / Monat
Frage 2b	_____	Euro / Monat
© FINANZ-INSTITUT Klöckner, www.yomo.de		

STOPP – Antworten geschätzt? Bitte lesen Sie erst dann weiter, wenn Sie sich ausreichend Gedanken über Ihre Antworten gemacht und diese notiert haben. Das ist deshalb so wichtig, weil viele Menschen, die Antworten oder eigene Zahlenschätzungen nicht schriftlich notieren, später behaupten: »Das habe ich doch gewusst«, oder »So in etwa hätte ich die Zahlen auch geschätzt.« Clevere Menschen, die etwas lernen wollen, tun sich mit dieser Vorgehensweise jedoch keinen Gefallen, da dadurch ein Großteil der Wirkung solcher Übungen verloren geht.

Lösungstabelle

Die richtige Schätzung für ...	
Frage 1a	277 Euro / Monat
Frage 1b	390 Euro / Monat
Frage 2a	456 Euro / Monat
Frage 2b	735 Euro / Monat
© FINANZ-INSTITUT Klöckner, www.yomo.de	

Die Zahlen zeigen deutlich: Michael muss, je nachdem wann er diesen Geldfehler bemerkt, jeden Monat stolze Beträge investieren, um das Vermögen zu erreichen, das Daniel erreicht, **ohne** auch nur einen Cent weiter zu investieren. Während Daniel sein in den ersten zwei Berufsjahren angespartes Kapital anlegt und sich einfach vermehren lässt, muss Michael jeden Monat einige hundert Euro bis zu 735 Euro zur Seite legen, um das Ziel von Daniel noch zu erreichen. Noch offensichtlicher wird es, wenn wir uns die Gesamtsumme des zu sparenden Kapitals betrachten. Bei Daniel waren es wie gesagt rund 25 000 Euro, die er in zwei Jahren mühevoll zusammengespart hatte. Bei Michael wären es, je nach Fall, die folgenden Beträge:

Frage 1a	116 340 Euro
Frage 1b	163 800 Euro
Frage 2a	164 160 Euro
Frage 2b	264 600 Euro
© FINANZ-INSTITUT Klöckner, www.yomo.de	

Die Zahlen zeigen deutlich: Michael, der in den ersten beiden Berufsjahren über Daniels Geiz und Sparfreude gelacht hat und es unsinnig fand, auf so viele Sachen zu verzichten, muss im Laufe der Jahre auf viel mehr Dinge verzichten. Denn Michael muss ein Vielfaches der 25 000 Euro von Daniel sparen, um Daniel bis zum Rentenbeginn noch einzuholen.

Die Botschaft lautet: Clevere Menschen, die wirklich reich werden wollen, nutzen die Anfangsjahre ihrer Berufstätigkeit, um sich ein kleines Startvermögen anzusparen, was anschließend über Jahre mühelos ein Millionenvermögen bringen kann. Während Daniel in den Jahren nach seinen beiden harten Sparjahren nicht nur für sein Geld arbeitet, sondern sein Geld clever für sich arbeiten lässt, besitzt Michael kein Vermögen, das für ihn arbeitet, und er muss sich zudem abschuften, um so viel zu verdienen, dass er die hohen Sparraten aufbringen kann – wenn er mit Daniel gleichziehen will. Je früher Sie das als junger Mensch erkennen, desto reicher können Sie werden.

Für alle Erwachsenen gilt: Helfen Sie Ihren Kindern, helfen Sie jungen Menschen aus dieser unmittelbar nach Berufsbeginn zuschnappenden Konsumfalle auszusteigen. Kopieren Sie dieses Beispiel und verteilen Sie es in Ihrem Freundes- und Bekanntenkreis. Vor allem: Zeigen Sie es Lehrern und setzen Sie sich dafür ein, dass über solche Beispiele und Geldstrategien im Unterricht gesprochen wird! Wenn Erwachsene schon behaupten: »Nicht für die Schule, für das Leben lernen wir«, dann gehört die Kenntnis solcher Geldgesetze als finanzielle Bildung in der Schule dazu. Fordern Sie – gleich ob als Schüler, Eltern oder Lehrer – diese »Geldbildung«!

KAPITEL 4

Wie viel Geld geben Sie pro Woche unbewusst aus?

Wenn es Ihr Ziel ist, mit Taschengeld Millionär zu werden, müssen Sie lernen, die unbewussten Ausgaben in den Griff zu bekommen. Unbewusste Ausgaben sind oft erschreckend hoch. Damit Sie eine grobe Vorstellung von Ihren unbewussten Ausgaben bekommen, führen Sie diese im Folgenden einmal auf: Dabei ist nicht viel zu tun. Tragen Sie lediglich die Ausgaben der letzten 15 Tage in nachfolgende Liste ein. Wichtig: Gehen Sie in Gedanken jeden Tag durch. Achten Sie besonders auf die Wochenenden. Rufen Sie sich alle Ausgaben, die eigentlich so nebenbei liefen, die mehr oder weniger unbewusst von Ihnen getätigt wurden, ins Gedächtnis zurück. Dann notieren Sie die Summe des entsprechenden Tages in der folgenden Checkliste.

Meine unbewussten Geldausgaben der letzten 15 Tage waren:

1. Tag _____ Euro

2. Tag _____ Euro

3. Tag _____ Euro

4. Tag _____ Euro

5. Tag _____ Euro

6. Tag _____ Euro

7. Tag _____ Euro

8. Tag	_____ Euro
9. Tag	_____ Euro
10. Tag	_____ Euro
11. Tag	_____ Euro
12. Tag	_____ Euro
13. Tag	_____ Euro
14. Tag	_____ Euro
15. Tag	_____ Euro
SUMME	_____ Euro

Jetzt dividieren Sie die Summe durch die Zahl der Tage, also 15.

Zum Beispiel: Sie kamen auf 70 Euro.

Dieser Betrag dividiert durch 15 ergibt 4,67 Euro pro Tag.

Jetzt kommt die Auflösung: Sie brauchen lediglich 3,33 Euro pro Tag, damit Sie im Monat auf 100 Euro kommen, die Sie möglicherweise sparen und in erfolgreiche Aktienfonds investieren könnten.

Die Botschaft lautet also: Reduzieren Sie Ihre unbewussten Ausgaben. Geben Sie Ihr Geld kontrolliert aus. 100 Euro sind im Monat sehr schnell durch unbewussten Konsum ausgegeben. Sparen und investieren Sie die 100 Euro dagegen in erfolgreiche Investmentfonds, werden allein aus diesem Betrag in rund 20 Jahren über 100 000 Euro.

KAPITEL 5

Mit täglich 3 Euro langfristig über 6 Millionen kassieren

Bevor ich Ihnen verrate, wie und warum das funktioniert, bitte ich Sie, über folgende Frage nachzudenken:

Welche Ausgaben können Sie reduzieren und dadurch täglich 3 Euro einsparen?

Bitte überlegen Sie einen Augenblick und notieren Sie im Anschluss einige der Ausgaben, bei denen Sie immer mal wieder kleinere Beträge einsparen, also weniger ausgeben könnten?

Bei diesen Ausgaben könnte ich einsparen:

1. _____

2. _____

3. _____

4. _____

5. _____

Kontrollieren Sie noch einmal die Positionen, bei denen Sie meinen, regelmäßig an Ausgaben einsparen zu können. Dann verrate ich Ihnen, was aus diesen 3 Euro täglich auf Dauer an Vermögen werden kann.

Die Botschaft lautet: Wer den Cent nicht ehrt, ist die Million nicht wert. Nutzen Sie kleinste Einsparungen und investieren Sie diese Beträge.

Geldtipp:
Stellen Sie zu Hause ein Glas auf und werfen Sie regelmäßig das Kleingeld hinein, das Sie in Ihren Hosen, Jacken oder Taschen finden. Hin und wieder legen Sie noch das Wechselgeld in Münzen vom letzten Einkauf dazu. Ich verspreche Ihnen, Sie werden überrascht sein, wie schnell 3 Euro pro Tag zusammenkommen.

So entwickeln sich 3 investierte Euro täglich (90 Euro/Monat) bei einer angenommenen Rendite von 10 Prozent jährlich:

Anlagedauer	Ergebnis in Euro
30 Jahre	185 000 Euro
40 Jahre	500 000 Euro
50 Jahre	1,3 Millionen
60 Jahre	3,4 Millionen

KAPITEL 6

Millionen statt »Blauer Dunst«

Mit diesem Buch haben Sie als Leser und ich als Autor ein Geschäft abgeschlossen. Sie wollen mehr über Geld und den richtigen Umgang damit erfahren, ich möchte Ihnen mit möglichst vielen Beispielen und Tipps aus der Praxis zeigen, wie Sie auf Dauer reich werden können. Wenn Sie selbst nicht rauchen (Kompliment!), aber eine Freundin oder einen Freund kennen, die oder der regelmäßig raucht, dann kopieren Sie dieses Kapitel doch für diesen Menschen oder legen ihm diese Seiten vor. Vielleicht sprechen Sie auch Ihren Wirtschafts- oder Sozialkundelehrer an, ob Sie dieses Beispiel gemeinsam in Ihrer Klasse diskutieren.

Unser Beispiel handelt von Michael und Michaela. Beide sind 17 Jahre jung. Jeden Tag stehen sie in den Pausen auf dem Schulhof zusammen, um mit Freundinnen oder Freunden eine zu rauchen. Im Monat geben sie, Partys und sonstige Anlässe mitgerechnet, rund 50 Euro für Zigaretten aus. Michaela beschließt eines Tages aufzuhören. Sie hat das Rauchen schlichtweg satt. Michael raucht dagegen fleißig weiter. Im Folgenden ist eine Tabelle abgebildet, in der die fehlenden Zahlen ergänzt werden müssen. Es geht um das geschätzte Vermögen von Michaela, wenn sie künftig den Betrag, den Michael immer noch verraucht, in eine erfolgreiche Geldanlage, beispielsweise in einen internationalen Aktienfonds, investiert. Wie immer gilt: Tragen Sie zuerst Ihre Schätzungen ein und lesen Sie erst anschließend die Lösungen. Auch diese Tabelle eignet sich hervorragend zum Kopieren, sodass die Übung in einer Klasse gemeinsam durchgeführt werden kann. Drei Zahlen sind als Anhaltspunkte bereits in die Liste eingetragen.

Annahme: Michael, 17 Jahre, raucht bis zum ... Lebensjahr	Rendite der Geldanlage		
	7 Prozent	10 Prozent	13 Prozent
57	124 000	278 000	
67	262 000		
77			
87			
97			
Alle Beträge in Euro – © FINANZ-INSTITUT Klöckner KG, Lahnstein (www.yomo.de)			

Insbesondere Raucher wenden natürlich immer wieder ein, dass sie überhaupt nicht so alt werden wollen und so weiter. Darum geht es nicht. Es geht zunächst nur um die Zahlen und damit wieder um das Training des eigenen Zahlengefühls. Nehmen Sie sich nun zum Ausfüllen einige Minuten Zeit. Wenn Sie die Tabelle ergänzt haben, möchte ich Ihnen die fehlenden Zahlen verraten.

Annahme: Michael, 17 Jahre, raucht bis zum ... Lebensjahr	Rendite der Geldanlage		
	7 Prozent	10 Prozent	13 Prozent
57	124 000	278 000	644 000
67	262 000	730 000	2 197 000
77	504 000	1 900 000	7 468 000
87	1 000 000	4 945 000	25 364 000
97	1 975 000	12 837 000	86 110 000
Alle Beträge in Euro – © FINANZ-INSTITUT Klöckner KG, Lahnstein (www.yomo.de)			

Na, wer hätte das gedacht? Über viele Jahrzehnte sind es, je nach angenommener Rendite, mehr als 86 Millionen, die im Laufe der Zeit verraucht werden. In unserem Beispiel bedeutet das: Werden Michael und Michaela beide gleich alt, also sagen wir 97 Jahre, dann verfügt Michaela eines Tages über 86 Millionen mehr an Vermögen als Michael. Schon im Alter von 57 Jahren können es je nach Rendite weit über eine halbe Million Euro sein.

Wenn Sie nun trotzdem weiterrauchen, dann sagen Sie sich ab sofort immer mal wieder:

> **Mein Geld ist nicht weg,
> es hat nur ein anderer.**

Denn: Die vielen Millionen, die Sie im Laufe der Jahre an verlorenem Zins- und Zinseszins weniger kassieren, kassiert die Tabakindustrie. Der Aufdruck auf den Zigarettenschachteln müsste somit lauten: »Die Gesundheits- und Wirtschaftsminister raten: Rauchen gefährdet Ihre Gesundheit und Ihren Vermögensaufbau.«

P. S.: Abgesehen von Millionenverlusten gilt: Jede gerauchte Zigarette kostet etwa 11 Lebensminuten. Das haben Experten errechnet. Macht bei lediglich 40 Zigaretten pro Monat über sagen wir 40 Jahre insgesamt 35 200 Minuten oder aber 587 Stunden.

KAPITEL 7

Sie dürfen niemals alles verlieren!

In Kapitel 9 »Die Macht der Vermehrung« (Teil I) schrieb ich davon, dass es nicht entscheidend ist, was Sie verdienen, sondern dass für Reichtum und Wohlstand entscheidend ist, wie viel Sie behalten. Das gilt auch für Börseninvestitionen. Wer sein Geld statt über Fonds direkt in Aktien investiert, für den gilt es, Verluste zu begrenzen. Denn: Es führt zu keinem Reichtum, wenn jemand über vier Jahre jedes Jahr 80 Prozent Gewinn macht, jedoch im fünften Jahr einen Verlust von 90 Prozent. Rechnen Sie einmal selbst: Verdecken Sie dazu die Lösungstabelle und ergänzen Sie nachfolgend die fehlenden Zahlen. Die Beträge lassen sich mit jedem Taschenrechner auf der Grundlage der bereits eingetragenen Zahlen des ersten Jahres ausrechnen.

Was aus 1000 Euro wird...

Jahr	Vermögen zu Beginn	Gewinn/ Verlust	Vermögen zum Ende
1	1000	80%	1800
2	1800	80%	?
3	?	80%	?
4	?	80%	?
5	?	–90%	?

© Bernd W. Klöckner, Mai 2001

Wenn Sie nachgerechnet haben, vergleichen Sie Ihre Zahlen mit der folgenden Lösung:

Was aus 1000 Euro wird…

Jahr	Vermögen zu Beginn	Gewinn / Verlust	Vermögen zum Ende
1	1000	80%	1800
2	1800	80%	3240
3	3240	80%	5832
4	5832	80%	10 498
5	10 498	−90%	1050

Das bedeutet: Egal, wie hoch Ihre Gewinne in den guten Jahren sind, ein hoher Verlust zum Ende der geplanten Anlagedauer macht Reichtumsträume schnell zunichte. Das gilt auch, wenn Sie über viele Jahre jedes Jahr einige 100 Prozent Plus machen, aber zum Ende 100 Prozent verlieren. Dann ist das Geld weg. Eine Entwicklung wie in unserem Beispiel (minus 90 Prozent in einem Jahr, manchmal sogar in wenigen Monaten oder Wochen) ist dabei gar nicht so selten, wie die Kursentwicklung mancher Aktien am so genannten Neuen Markt, also dem Markt für Wachstumsunternehmen, gezeigt hat.

Die Botschaft für Sie lautet daher: Investieren Sie Ihr Geld in Geldanlagen, bei denen Sie zwar mit Schwankungen rechnen müssen, jedoch über viele Jahre durchschnittlich einen gleich bleibenden Ertrag erzielen können. In erster Linie eignen sich hierfür ertragreiche Aktienfonds.

KAPITEL 8

Lieber langweilig reich als spannend arm werden!

Unterhalten sich Menschen untereinander über die eigenen Geldanlagen, so versucht nicht selten einer den anderen zu übertrumpfen. Der eine behauptet, stets die besten Aktieninvestitionen zu kennen, der andere hat besondere Aktiengeheimtipps, der nächste weiß mit Sicherheit, wie die Börse weiterläuft, und so fort. Das führt dazu, dass junge Menschen meinen, sie müssten ihr eigenes Anlagesystem entdecken, um schnell reich zu werden. Also wird mal hier und mal da investiert. Nicht selten kommen erste Aktiengeschäfte dazu. Mal steigen die Kurse himmelhoch, dann stürzen sie wieder in den Keller. So vergehen nicht selten wertvolle Jahre auf der Suche nach dem vermeintlich richtigen Tipp, der vermeintlich besten Strategie.

Die teure Suche nach der eigenen Geldstrategie

Wie teuer diese »spannende« Suche nach der richtigen Strategie sein kann, zeigt das Beispiel von David und Hannah. Beide sind 16 Jahre jung und wollen, nachdem sie einiges über Geld und die Macht der Vermehrung erfahren haben, unbedingt sparen und investieren. Während Hannah auf der Suche nach einem erfolgreichen Investmentfonds ist, versucht sich David an der Börse. Mit einigen Freunden zockt, spekuliert und investiert er in Aktien. Mal geht es gut und David macht fette Gewinne, dann verliert er wieder jede Menge Geld, weil einzelne Aktien, auf die er gesetzt hat, sich nicht so entwickeln wie gewünscht. Im Folgenden geht es darum, herauszufinden, welche Strategie die bessere ist: Die spannende Börsenstrategie und Suche nach dem richtigen Kick von Daniel oder die eher langweilige Anlage von Hannah, die ihre Spargelder in Aktienfonds investiert.

Geldentwicklung einer »spannenden« Geldanlage

Betrachten wir zunächst die Entwicklung von Daniels Depot. Wie beschrieben, ist Daniel stets auf der Jagd nach dem richtigen Kick, dem entscheidenden Geldtipp. Daniel hat nur ein Ziel: Mit möglichst aggressiver Anlagestrategie und möglichst hohen Gewinnen schnell reich zu werden. Er denkt sich, dass er die zwischenzeitlichen Verluste mit den hohen Gewinnen in guten Jahren mehr als ausgleichen kann.

Aggressive Geldstrategie

Jahr	Guthaben Jahresbeginn	Gewinn/ Verlust	Guthaben Jahresende
1	1000	24%	1240
2	1240	20%	1488
3	1488	–16%	1250
4	1250	14%	1425
5	1425	18%	1681
6	1681	21%	2034
7	2034	–19%	1648
8	1648	11%	1829
9	1829	14%	2085
10	2085	22%	2544
11	2544	– 9%	2773
12	2773	–12%	2440
13	2440	11%	2709
14	2709	– 5%	2573
15	2573	24%	3191
16	3191	22%	3893
17	3893	–18%	3192
18	3192	– 9%	3479
19	3479	14%	3967
20	3967	16%	4601

© Bernd W. Klöckner, Angaben für jede Währung

Das Ergebnis: Über 20 Jahre hat Daniel fünf Jahre mit teilweise zweistelligen Verlusten, die restlichen Jahre bringen satte Gewinne. Aus 1000 Euro Einmaleinlage werden so 4601 Euro.

Geldentwicklung einer »langweiligen« Geldanlage

Hannah hat sich für die Anlage in einen Investmentfonds entschieden. Damit hat sie weitaus weniger Zeitaufwand als Daniel und unterliegt auch nicht der Gefahr, bei der Auswahl von Aktien sich falsch zu entscheiden.

Kontinuierliche Geldstrategie

Jahr	Guthaben Jahresbeginn	Gewinn/ Verlust	Guthaben Jahresende
1	1000	8%	1080
2	1080	8%	1166
3	1166	8%	1260
4	1260	8%	1360
5	1360	8%	1469
6	1469	8%	1587
7	1587	8%	1714
8	1714	8%	1851
9	1851	8%	1999
10	1999	8%	2159
11	2159	8%	2332
12	2332	8%	2518
13	2518	8%	2720
14	2720	8%	2937
15	2937	8%	3172
16	3172	8%	3426
17	3426	8%	3700
18	3700	8%	3996
19	3996	8%	4316
20	4316	8%	4661

© Bernd W. Klöckner, Angaben für jede Währung

Das Ergebnis: Hannah kommt bereits bei kontinuierlich erzielten 8 Prozent Rendite auf ein höheres Endergebnis nach 20 Jahren als Daniel. Hannah besitzt also mehr Geld und musste sich 20 Jahre lang nicht oder nur wenig um ihre Geldanlage kümmern, im Gegensatz zu Daniel, der 20 Jahre lang jeden Monat mühevoll versuchte, die besten Aktien zu finden und stets die Angst hatte, mehrfach mit seiner Auswahl daneben zu liegen. Noch interessanter wird es, wenn wir davon ausgehen, dass Hannahs Investmentfonds jedes Jahr eine durchschnittliche Rendite von 12 Prozent erwirtschaftet. Dann sieht es wie folgt aus:

Kontinuierliche Geldstrategie

Jahr	Guthaben Jahresbeginn	Gewinn/ Verlust	Guthaben Jahresende
1	1000	12%	1120
2	1120	12%	1254
3	1254	12%	1405
4	1405	12%	1574
5	1574	12%	1762
6	1762	12%	1974
7	1974	12%	2211
8	2211	12%	2476
9	2476	12%	2773
10	2773	12%	3106
11	3106	12%	3479
12	3479	12%	3896
13	3896	12%	4363
14	4363	12%	4887
15	4887	12%	5474
16	5474	12%	6130
17	6130	12%	6866
18	6866	12%	7690
19	7690	12%	8613
20	8613	12%	9646

© Bernd W. Klöckner, Angaben für jede Währung

Das Ergebnis: Aus 1000 Euro Einmalanlage werden in diesem Beispiel 9646 Euro an Vermögen. Unterm Strich hat Hannah also langfristig die bessere Entscheidung getroffen. Bei positiver Entwicklung und angenommenen 12 Prozent Rendite besitzt sie mehr als doppelt so viel Vermögen wie Daniel, der 20 Jahre lang jeden Monat mit viel Zeit und Nerven versuchte, die besten Aktienchancen zu finden.

»Spannende« Geldstrategien und Geld- sowie Zeitaufwand

Bei der Endsumme nicht berücksichtigt blieb bisher, dass Daniel für tägliche Börseninformationen, Börsenzeitschriften und alles weitere jeden Monat rund 10 Euro investiert hat. Das macht über 20 Jahre immerhin einen Betrag von 2400 Euro. Daniel besitzt am Ende der 20 Jahre also keine 4601 Euro, sondern nach Abzug seiner Kosten lediglich magere 2201 Euro.

Der Zeitaufwand

Dazu kommt der hohe Zeitaufwand, der notwendig ist, damit Daniel über die Entwicklung des Marktes auf dem Laufenden bleibt. Pro Woche sind das fünf Stunden für Zeitschriften lesen, Börsensendungen gucken, im Internet nach Börseninformationen suchen. Das macht pro Monat 20 Stunden, pro Jahr 240 Stunden und in 20 Jahren immerhin 4800 Stunden. Bei einem mageren Stundenlohn von 1 Euro pro Stunde sind das nochmals 4800 Euro, die im Laufe der 20 Jahre zu Buche schlagen.

Die Botschaft dieses Vergleiches für Sie lautet: Mit Taschengeld Millionär zu werden bedeutet nicht, aggressiv mit höchstem oder hohem Risiko investieren zu müssen. Fast ausnahmslos alle Jugendlichen und auch Erwachsenen, die zum ersten Mal das Aktienfieber gepackt hat, sind auf der Suche nach dem entscheidenden System, dem entscheidenden Kick. Viele wollen sich beweisen, dass sie besser und cleverer sind als die anderen. Solange es an der Börse gut läuft, geben die Erfolge ihnen Recht. Wer schon einmal einen Gewinn von 24 Prozent gemacht hat, weiß, dass sich das richtig gut anfühlt und gierig nach mehr macht. Wehe, wenn es jedoch einmal schlecht läuft. Dann kosten die hohen Verluste schnell einen großen Teil des Gewinns der letzten Jahre oder – in extremen Fällen – auch mal nahezu das gesamte Vermögen. Und damit sind wir beim nächsten Kapitel.

KAPITEL 9

Heiße Geldtipps kontra solide Sparverträge

Es gibt fast keinen jungen Menschen, der nicht davon träumt, »die Methode« zu finden, mit der es gelingen kann, in wenigen Jahren Millionen zu verdienen. Solche Träume sind gut, denn möglicherweise sind sie die Grundlage einer Geschäftsidee mit großem finanziellen Erfolg. Doch ist auch Vorsicht angesagt. Denn: Die Geldwelt steckt voller Hokuspokus, voller Zauberer, die vermeintlich Millionäre aus dem Nichts machen können. Nach einigen Jahren folgt dann meist die große Ernüchterung und die Feststellung, viele wertvolle Jahre für solides Sparen und Investieren verloren zu haben. Es bleibt dabei: Der Weg zu Wohlstand und finanzieller Freiheit ist nicht das Ergebnis magischen Geldzaubers, zwei, drei Geldtricks und simsalabim sind die Millionen auf dem Konto. Reichtum ist das Ergebnis konsequenter Planung, ausreichender Vorbereitung und der notwendigen Gelddisziplin. Wohlstand ist und bleibt in erster Linie das Resultat von Arbeit, Sparen und richtigem Investieren. In diesem Zusammenhang ist Arbeit eben nicht immer ein toller Job, schnelle, gute Geschäfte ohne Mühe und Aufwand. Sicherlich sollte Arbeit in erster Linie Grund zur eigenen Begeisterung sein, dennoch gibt es in jeder Branche, jedem Job Zeiten, in denen Arbeiten erledigt werden müssen, die keinen Spaß machen, die mühevoll sind und jede Menge Energie kosten. Doch gerade dann ist es wichtig, daran zu denken, dass es keine heißen Geldtipps gibt. Wer auch immer diese heißen Geldtipps verspricht, es gibt sie nicht! Die Erfolgsregeln lauten:

1. Wählen Sie einen Beruf, für den Sie Begeisterung empfinden. Wählen Sie keinen Beruf, nur weil alle Ihre Freunde diesen anstreben oder weil ein bestimmter Beruf gerade in Mode ist. Die Folgen eines falsch gewählten Berufes können fatal sein und den Traum von der ersten Million erheblich gefährden.

Wer clever ist, nimmt sich vor der Berufswahl ausreichend Zeit, um sich eigene Gedanken zu machen. Führen Sie Gespräche mit Leuten, denen Sie vertrauen und auf deren Rat Sie gerne hören. Keine Mühe ist zu viel, damit Sie den Beruf finden, den Sie anschließend über Jahre und Jahrzehnte mit Begeisterung ausüben können. Nur wenn jemand einen Beruf ergreift, für den er Begeisterung empfindet, wird er in diesem Beruf zum Profi werden. Und das wiederum ist die Voraussetzung, um eines Tages möglichst viel Geld zu verdienen mit dem Ziel, von diesem Geld möglichst viel zu behalten. Wer ein Profi in einem Berufszweig ist, wer sich auf bestimmte Fähigkeiten konzentriert und diese Fähigkeiten mit Begeisterung ständig erweitert, wird eines Tages merken, dass andere Menschen bereit sind, ihm wegen seiner Fähigkeiten viel Geld zu bezahlen. Finanzieller Wohlstand ist dann zwangsläufig die Folge.

2. Investieren Sie mindestens 10 Prozent all Ihrer Einnahmen in Erfolg versprechende, solide Sparverträge. In erster Linie eignen sich hierfür Investmentfondssparverträge.

Die Botschaft lautet: Sparen Sie. Einfacher geht es nicht. Die Botschaft lautet schlichtweg: Sparen Sie. Und genau diese einfache Regel ist die am häufigsten verletzte Geldregel. Die meisten Menschen entgegnen auf den Vorschlag des Sparens zahllose Gründe, wieso gerade im Moment das Sparen wirklich nicht möglich ist. Die meisten Menschen sind zudem der Ansicht, sie würden in absehbarer Zeit mehr Geld verdienen und könnten dann noch genügend Geld zurücklegen, um eines Tages ein Vermögen zu besitzen. Diese Menschen beruhigen sich mit dem Satz:

> **Morgen fange ich an zu sparen!**

Sie ahnen, was passiert und warum diese Menschen niemals anfangen zu sparen? Weil sie jeden Tag diesen Satz: »Morgen fange ich an zu sparen« wiederholen. Das Ergebnis: Das Sparen verschiebt sich von Tag zu Tag, von Jahr zu Jahr. Das Motto ist: Heute leben, morgen sparen. Die Zukunft wird ausgeblendet.

Die Erfolgsschritte lauten also: Wählen Sie einen Beruf, der Sie begeistert. Wenn Sie den falschen Beruf ergriffen haben, denken Sie darüber nach, den Beruf zu wechseln und gegebenenfalls eine neue Ausbildung zu beginnen, einen neuen Beruf zu erlernen. Denken Sie daran, dass ein Beruf, der Sie begeistert, Schritt 1 der beiden Erfolgsschritte zu Reichtum und Wohlstand ist. Und dann folgt Schritt 2: Sie sparen!

KAPITEL 10

Das Geheimnis der VIM-Formel

Bei dieser VIM-Formel geht es um den »Verlust im Monat«, den alle in Kauf nehmen, die eigentlich reich werden wollen, aber immer wieder mit dem Sparbeginn warten. Es geht also um die »Morgen fange ich an«-Sparer, die im letzten Kapitel kurz erwähnt wurden. Ein kleines Beispiel:

Zwei Zwillingsschwestern, die soeben mit dem Studium fertig geworden sind, wollen endlich etwas für die eigene Altersvorsorge tun. Beide beabsichtigen, 200 Euro monatlich in einen Investmentfondssparplan einzuzahlen. Das Vermögen soll mit 65 Jahren ausbezahlt werden. Die eine Zwillingsschwester, Marion, beginnt sofort mit dem Sparen. Die andere, Andrea, wartet noch sechs Monate. In diesen sechs Monaten will sie jeweils die 200 Euro zur Seite legen, um sich einen tollen Fernseher zu kaufen. Sie hat zwar einen Fernseher, aber es soll endlich mal etwas »richtig Gutes« sein. Sechs Monate legt sie also jeweils 200 Euro weniger an. Wenn sie mit 65 Jahren wie ihre Schwester Marion aufhören will, verbleiben ihr nur noch 39 Jahre und sechs Monate Sparzeit. Die entscheidende Frage lautet nun: Wie teuer kommt Andrea der (nicht unbedingt notwendige) Fernseher zu stehen? Gerechnet wurde bei den folgenden Zahlen mit einer Rendite von 11 Prozent. Schätzen Sie jetzt den Unterschied im Endvermögen, der dadurch zu Stande kommt, dass Andrea zu Beginn lediglich sechs Monate à 200 Euro weniger investiert.

DENKPAUSE

Das Ergebnis lautet:

Marion besitzt am Ende ein Vermögen von rund 1,46 Millionen. Andrea kommt auf 1,39 Millionen. Der Unterschied: 70 000 Euro. Durch sechs Monate à 200 Euro weniger gesparte Investitionen verliert Andrea 70 000 Euro. Also rund das 60 fache (70 000/1200). Anders ausgedrückt: Jeder Tag des fehlenden halben Jahres kostet Andrea 70 000 Euro dividiert durch 180 Tage (sechs Monate à 30 Tage) = 388 Euro.

Die alles entscheidende Botschaft lautet: Sparen Sie heute. Nehmen Sie sich niemals vor, ab morgen zu sparen. Beginnen Sie heute, hier und jetzt zu sparen. Sprechen Sie noch heute mit einem Berater Ihres Vertrauens und beginnen Sie!

KAPITEL 11

Ihr ganz persönlicher Reichtumsplan

Wer mit Taschengeld zum Millionär werden will, verfolgt in der Regel kein kurzfristiges, sondern eher ein langfristiges Ziel. Das wiederum bedeutet: Wer mit Taschengeld zum Millionär werden will, muss wissen, auf welches Ziel er langfristig spart und was zum Erreichen dieses Ziels getan werden muss. Je klarer wird, welche finanzielle Strategie, welche Spar- und Investitionsbeträge notwendig sind, desto leichter fällt es, das jeweilige persönliche Ziel zu erreichen. Im Folgenden finden Sie eine Tabelle, aus der Sie im ersten Schritt Ihr persönliches Freiheitsvermögen entnehmen können. Im zweiten Schritt müssen Sie festlegen, bis wann Sie dieses Freiheitsvermögen gerne erreichen würden, und im dritten Schritt entnehmen Sie dann aus den Tabellen 1a bis 1c den Betrag, den Sie monatlich sparen müssen, um Ihr Ziel zu erreichen. Die notwendigen Sparbeiträge (Tabellen 1a, 1b, 1c, Seite 116 bis 118) und die notwendigen Einmalanlagen (Tabellen 2a, 2b, 2c, Seite 119 bis 121) wurden mit effektiv 10 Prozent Rendite berechnet. Für Sie gilt: Arbeiten Sie in jedem Fall die im Folgenden genannten drei Schritte ab, und Sie werden mit dieser Methode Ihr ganz persönliches Geldziel finden.

Schritt 1
Entnehmen Sie nun aus der folgenden Tabelle die Höhe des Freiheitsvermögens, das Sie eines Tages gerne erreichen würden. Dieses Freiheitsvermögen ist die Höhe des Vermögens, das Sie brauchen, um das von Ihnen gewünschte Jahreseinkommen bei einer angenommenen Rendite von 8 Prozent zu erzielen.

Bestimmen Sie Ihr Freiheitsvermögen

Freiheits-vermögen	Notwendiges Jahreseinkommen bei 8 Prozent	Monatseinkommen
375 000	30 000	2 500
500 000	40 000	3 333
625 000	50 000	4 167
750 000	60 000	5 000
875 000	70 000	5 833
000 000	80 000	6 667
1 125 000	90 000	7 500
1 250 000	100 000	8 333
1 500 000	120 000	10 000
1 750 000	140 000	11 667
2 000 000	160 000	13 333
2 250 000	180 000	15 000
2 500 000	200 000	16 667
3 125 000	250 000	20 833
3 750 000	300 000	25 000
4 375 000	350 000	29 167
5 000 000	400 000	33 333
5 625 000	450 000	37 500
6 250 000	500 000	41667
7 500 000	600 000	50 000
8 750 000	700 000	58 333
10 000 000	800 000	66 667
11 250 000	900 000	75 000
12 500 000	1 000 000	83 333

© Bernd W. Klöckner, Mai 2001

Beispiel:

Ihr Ziel ist ein Jahreseinkommen von sagen wir 50 000 Euro. Das entspricht einem Monatseinkommen von 4167 Euro. Das notwendige Vermögen in diesem Fall beträgt bei einer Rendite von 8 Prozent 625 000 Euro. Jetzt stellt sich die Frage, in welchem Zeitraum Sie diesen Betrag durch Sparen und Investieren erreichen wollen.

Schritt 2

Mein Freiheitsvermögen möchte ich in X Jahren erreicht haben. Tragen Sie jetzt Ihre Jahreszahl ein:

_____

(Jahre bis zu meinem Freiheitsvermögen)

Beispiel:
Nehmen wir an, Sie sind 13 Jahre jung und haben das ganz klare Ziel vor Augen, mit 55 Jahren Ihr persönliches Freiheitsvermögen in Höhe von 625 000 Euro erreicht zu haben. Nun gilt es den Betrag zu ermitteln, den Sie monatlich sparen und investieren müssten.

Schritt 3
Im Folgenden finden Sie sechs Tabellen. Aus den Tabellen 1a, 1b, 1c können Sie auf einen Blick herauslesen, welche Sparrate regelmäßig für Ihr persönliches Ziel investiert werden muss. Aus den Tabellen 2a, 2b, 2c ersehen Sie die Investitionsbeträge bei Einmalanlagen. Hier geht es darum, wie hoch der Betrag am Anfang sein muss, damit **ohne weitere Sparraten (!)** das gewünschte Freiheitsvermögen erreicht wird.

Tabelle 1a – Sparplan

Ermittlung der Sparraten

Freiheits-vermögen — Notwendige monatliche Investition

Freiheits-vermögen	Sparjahre 60	55	50	45
375 000	10	16	26	42
500 000	13	21	34	55
625 000	16	26	43	69
750 000	20	32	51	83
875 000	23	37	60	97
1 000 000	26	42	68	111
1 125 000	30	48	77	125

1 250 000	33	53	86	139
1 500 000	39	64	103	166
1 750 000	46	74	120	194
2 000 000	53	85	137	222
2 250 000	59	95	154	249
2 500 000	66	106	171	277
3 125 000	82	132	214	347
3 750 000	98	159	257	416
4 375 000	115	185	300	485
5 000 000	131	212	342	554
5 625 000	148	238	385	624
6 250 000	164	265	428	693
7 500 000	197	318	514	832
8 750 000	230	371	599	970
10 000 000	263	424	685	1109
11 250 000	295	477	770	1247
12 500 000	328	530	856	1386

Tabelle 1b – Sparplan

Ermittlung der Sparraten

Freiheits- vermögen	Notwendige monatliche Investition			
	Sparjahre 40	**35**	**30**	**25**
375 000	68	110	182	304
500 000	90	147	242	405
625 000	113	184	303	507
750 000	135	221	363	608
875 000	158	257	424	709
1 000 000	180	294	485	811
1 125 000	203	331	545	912
1 250 000	225	368	606	1 013
1 500 000	270	441	727	1 216
1 750 000	315	515	848	1 419
2 000 000	360	588	969	1 621

2 250 000	405	662	1090	1 824
2 500 000	450	735	1212	2 027
3 125 000	563	919	1515	2 533
3 750 000	675	1103	1817	3 040
4 375 000	788	1287	2120	3 547
5 000 000	901	1471	2423	4 053
5 625 000	1013	1655	2726	4 560
6 250 000	1126	1838	3029	5 080
8 750 000	1576	2574	4241	7 107
11 250 000	2026	3309	5452	9 120
12 500 000	2251	3677	6058	10 133

Tabelle 1c – Sparplan

Ermittlung der Sparraten

Freiheits-vermögen	Notwendige monatliche Investition			
	Sparjahre 20	**15**	**10**	**5**
375 000	522	941	1 876	4898
500 000	696	1 255	2 502	6531
625 000	870	1 568	3 127	8163
750 000	1 044	1 882	3 752	9796
875 000	1 218	2 196	4 378	11 428
1 000 000	1 392	2 510	5 003	13 061
1 125 000	1 566	2 823	5 629	14 694
1 250 000	1 740	3 137	6 254	16 326
1 500 000	2 088	3 764	7 505	19 592
1 750 000	2 436	4 392	8 755	22 857
2 000 000	2 784	5 019	10 006	26 122
2 250 000	3 132	5 646	11 257	29 387
2 500 000	3 480	6 274	12 508	32 653
3 125 000	4 350	7 842	15 635	40 816
3 750 000	5 220	9 411	18 762	48 979
4 375 000	6 090	10 979	21 889	57 142
5 000 000	6 960	12 548	25 016	65 305

5 625 000	7 830	14 116	28 143	73 469
6 250 000	8 700	15 685	31 269	81 632
7 500 000	10 441	18 821	37 523	97 958
8 750 000	12 181	21 958	43 777	114 285
10 000 000	13 921	25 095	50 031	130 611
1 250 000	15 661	28 232	56 285	146 937
12 500 000	17 401	31 369	62 539	163 264

Tabelle 2a – Einmalanlage

Ermittlung der Einmalanlage

Freiheits-vermögen	Notwendige Investition			
Anlagejahre 60		**55**	**50**	**45**
375 000	1 232	1 984	3 194	5 145
500 000	1 642	2 645	4 259	6 860
625 000	2 053	3 306	5 324	8 575
750 000	2 463	3 967	6 389	10 289
875 000	2 874	4 628	7 454	12 004
1 000 000	3 284	5 289	8 519	13 719
1 125 000	3 695	5 951	9 583	15 434
1 250 000	4 105	6 612	10 648	17 149
1 500 000	4 926	7 934	12 778	20 579
1 750 000	5 747	9 256	14 907	24 009
2 000 000	6 569	10 579	17 037	27 438
2 250 000	7 390	11 901	19 167	30 868
2 500 000	8 211	13 223	21 296	34 298
3 125 000	10 263	16 529	26 620	42 873
3 750 000	12 316	19 835	31 945	51 447
4 375 000	14 369	23 141	37 269	60 022
5 000 000	16 421	26 447	42 593	68 596
5 625 000	18 474	29 753	47 917	77 171
6 250 000	20 527	33 058	53 241	85 745
7 500 000	24 632	39 670	63 889	102 894
8 750 000	28 737	46 282	74 537	120 043

10 000 000	32 843	52 894	85 186	137 192
11 250 000	36 948	59 505	95 834	154 341
12 500 000	41 053	66 117	106 482	171 490

Tabelle 2b – Einmalanlage

Ermittlung der Einmalanlage

Freiheits-   Notwendige Investition
vermögen

Anlagejahre 40	35	30	25
375 000	8 286	13 344	21 491	34 611
500 000	11 047	17 792	28 654	46 148
625 000	13 809	22 240	35 818	57 685
750 000	16 571	26 688	42 981	69 222
875 000	19 333	31 136	50 145	80 759
1 000 000	22 095	35 584	57 309	92 296
1 125 000	24 857	40 032	64 472	103 833
1 250 000	27 619	44 480	71 636	115 370
1 500 000	33 412	53 376	85 963	138 444
1 750 000	38 666	62 272	100 290	161 518
2 000 000	44 190	71 168	114 617	184 592
2 250 000	49 714	80 064	128 944	207 666
2 500 000	55 237	88 960	143 271	230 740
3 125 000	69 047	111 200	179 089	288 425
3 750 000	82 856	133 440	214 907	346 110
4 375 000	96 665	155 680	250 725	403 795
5 000 000	110 475	177 921	286 543	461 480
5 625 000	124 284	200 161	322 361	519 165
6 250 000	138 093	222 401	358 178	576 850
7 500 000	165 712	266 881	429 814	692 220
8 750 000	193 331	311 361	501 450	807 590
10 000 000	220 949	355 841	573 086	922 960
11 250 000	248 568	400 321	644721	1 038 330
12 500 000	276 187	444 801	716357	1 153 700

Tabelle 2c – Einmalanlage

Ermittlung der Einmalanlage

Freiheits-   Notwendige Investition
vermögen

Anlagejahre 20		15	10	5
375 000	55 741	89 772	144 579	232 845
500 000	74 322	119 696	192 772	310 461
625 000	92 902	149 620	240 965	388 076
750 000	111 483	179 544	289 157	465 691
875 000	130 063	209 468	337 350	543 306
1 000 000	148 644	239 392	385 543	620 921
1 125 000	167 224	269 316	433 736	698 536
1 250 000	185 805	299 240	481 929	776 152
1 500 000	222 965	359 088	578 315	931 382
1 750 000	260 126	418 936	674 701	1 086 612
2 000 000	297 287	478 784	771 087	1 241 843
2 250 000	334 448	538 632	867 472	1 397 073
2 500 000	371 609	598 480	963 858	1 552 303
3 125 000	464 511	748 100	1 204 823	1 940 379
3 750 000	557 414	897 720	1 445 787	2 328 455
4 375 000	650 316	1 047 340	1 686 752	2 716 531
5 000 000	743 218	1 196 960	1 927 716	3 104 607
5 625 000	836 120	1 346 580	2 168 681	3 492 682
6 250 000	929 023	1 496 200	2 409 646	3 880 758
7 500 000	1 114 827	1 795 440	2 891 575	4 656 910
8 750 000	1 300 632	2 094 680	3 373 504	5 433 062
10 000 000	1 486 436	2 393 920	3 855 433	6 209 213
11 250 000	1 672 241	2 693 161	4 337 362	6 985 365
12 500 000	1 858 045	2 992 401	4 819 291	7 761 517

Beispiel:

Bleiben wir bei unserem 13-jährigen, der mit 55 Jahren sein Freiheitsvermögen von 625 000 Euro erreicht haben möchte. Damit er dieses Ziel schafft, müsste er monatlich rund 93 Euro sparen und investieren. Dies ist natürlich für einen Heranwachsenden in diesem Alter nicht möglich. Sprechen Sie jedoch einmal mit Ihren Eltern über Ihren Finanzplan. Ihre Eltern bekommen jeden Monat Kindergeld. Das bekommen Eltern natürlich nur, weil ein Kind bis zum 20. Lebensjahr jede Menge Geld kostet. Schätzungen gehen von 250 000 Euro und mehr aus. Von daher ist das Kindergeld für Ihre Eltern möglicherweise sehr wichtig. Vielleicht ist es Ihren Eltern jedoch möglich, bis zum Beginn Ihrer Ausbildung monatlich einen bestimmten Betrag vom Kindergeld für Sie anzulegen. Sie selbst sparen und investieren dann den gleichen Betrag weiter, sobald Sie Ihr erstes Geld verdienen.

TEIL IV

Rund ums Geld, Finanzprodukte und Finanzberater

KAPITEL 1

Welche Geldanlagen langfristig den größten Gewinn bringen

In diesem Buch rechne ich immer wieder mit Renditen von 10 oder auch 12 Prozent. Wichtig ist daher für Sie die Antwort auf die Frage:»Wo bekomme ich so hohe Renditen?« Im Folgenden nenne ich Ihnen typische Geldanlageformen und die jeweiligen, durchschnittlichen Renditen der Vergangenheit (seit dem 2. Weltkrieg). Bei den Zahlen handelt es sich um ungefähre Werte, sozusagen als Richtlinie. (Die Erklärung zu den einzelnen Geldanlageformen folgt im Geldlexikon im Anhang, Seite 175.)

Renditen <u>vor</u> Inflation

Sparbuch	2,5 Prozent
Festgeld	4,5 Prozent
Bundeswertpapiere	4,5 Prozent
Offene Immobilienfonds	5,0 Prozent
Bausparen	5,0 Prozent
Gold	5,1 Prozent
Festverzinsliche Wertpapiere	6,5 Prozent
Aktien (USA)	**11,7 Prozent**
Inflation	3,1 Prozent

Die Inflation von durchschnittlich 3,1 Prozent wirkt sich natürlich auf Ihren tatsächlichen Gewinn aus.

Renditen nach Inflation

Sparbuch	−0,6 Prozent (2,5–3,1)
Festgeld	1,4 Prozent (4,5–3,1)
Bundeswertpapiere	1,4 Prozent (4,5–3,1)
Offene Immobilienfonds	1,9 Prozent (5,0–3,1)
Bausparen	1,9 Prozent (usw…)
Gold	2,0 Prozent
Festverzinsliche Wertpapiere	3,4 Prozent
Aktien (USA)	**8,6 Prozent**

Diese Zahlen (vor Inflation) umgesetzt bedeuten: Angenommen, Ihre Großeltern hätten im Jahr 1922 einen Betrag in Höhe von 2000 Dollar in amerikanische Festgelder angelegt. Ihre Groß-eltern haben diesen Betrag deswegen in Amerika investiert, weil sie beabsichtigten, nach Amerika auszuwandern. Dann jedoch kam alles anders, Ihre Großeltern wanderten nicht aus, und durch den Krieg wurde der Betrag von 2000 Dollar vergessen. Plötzlich finden Sie im Jahr 2002, also 80 Jahre später, auf dem Dachboden des Hauses Ihrer Großeltern eine Mitteilung, dass bei einer ame-rikanischen Bank dieser Betrag angelegt worden ist. Sie wenden sich natürlich sofort an die Bank, um zu klären, wie viel Geld mittlerweile aus den 2000 Dollar geworden ist. Schätzen Sie ein-mal den Betrag, bevor ich Ihnen die Zahl verrate.

_____

(Ihre Schätzung)

Sie haben eine Zahl geschätzt? 20 000 Dollar? 50 000 Dollar? Sie sind dicht dran: Die richtige Zahl lautet: Rund 100 000 Dollar. Das bedeutet, Sie besitzen plötzlich einfach nur deswegen 100 000 Dollar, weil Ihre Großeltern in Amerika vor 80 Jahren 2000 Dollar angelegt hatten. Nicht schlecht, immerhin ein kleines Vermögen. Was aber wäre gewesen, wenn Ihre Großeltern den Betrag von 2000 Dollar 1922 in verschiedene amerikanische Aktien großer, bis heute bestehender Firmen investiert hätten? Auch jetzt sind Sie an der Reihe. Wiederum geht es um diese 2000 Dollar Einmalanlage, und Sie finden 80 Jahre später auf dem

Dachboden die Aufstellung zu den einzelnen Aktien, die Ihre Großeltern gekauft haben. Wie hoch schätzen Sie jetzt das Vermögen, das auf Sie wartet?

_____

(Ihre Schätzung)

Sie haben eine Zahl geschätzt? Möglicherweise 500 000 Dollar? Oder gar 2 Millionen Dollar? Sie werden es kaum glauben, doch die Zahl beträgt, gerechnet mit einer Rendite von 11,7 Prozent, 13 972 812 Dollar. Aus einer einmaligen Anlage von 2000 Dollar wurden im Laufe der Jahre durch Zins und Zinseszins rund 14 Millionen Dollar.

Das Geheimnis dieser Geldvermehrung ist: Wer in Aktien investiert (und die richtigen Unternehmen ausfindig macht), wird Miteigentümer des jeweiligen Unternehmens. Wächst das Unternehmen, wächst der Anteil der Eigentümer. Nehmen wir einmal die Kaufhauskette WAL*MART. Diese Kaufhauskette startete 1974 mit 78 Kaufhäusern und war damals weitaus kleiner als die Konkurrenz. Bereits 1989 betrug der Eurowert von WAL*MART jedoch rund 24 Milliarden Dollar, 1996 waren es bereits über 51 Milliarden Dollar. Wer 1974 Geld investieren wollte und einen Betrag von 500 Dollar in Festgeldern zu 5 Prozent anlegte, besaß im Jahr 1996 ein Vermögen von rund 1203 Dollar. Nicht schlecht, das Geld hatte sich immerhin ohne weitere Arbeit mehr als verdoppelt. Wer dagegen den Mut hatte, Miteigentümer von WAL*MART zu werden, also Aktien von WAL*MART gekauft hatte, konnte sich bereits im Jahr 1989 über ein Vermögen von rund 120 000 Dollar freuen, 1996 waren es bereits rund 220 000 Dollar. Im Vergleich zum Gewinn aus der Festgeldanlage (1203 Dollar) also das 182 fache. 182 mal mehr Geld nur durch Anlage in Aktien einer wachsenden Firma.

KAPITEL 2

Die magische Zahl 72

Nehmen wir an, Sie würden 5000 Euro einmalig anlegen und hätten die freie Wahl, wann sich dieses Geld verdoppeln soll. Alle sechs Jahre oder lieber alle 18 Jahre? Die Antwort auf diese Frage ist sehr wichtig. Ich gehe davon aus, dass Sie sich für die sechs Jahre entscheiden. Wer will denn schon 18 Jahre auf die Verdoppelung seines Geldes warten, wenn es in sechs Jahren ebenso gut möglich ist. Nun zum Geheimnis der magischen Zahl 72. Für alle Einmalanlagen (also nicht für Sparpläne) gilt:

> Teilen Sie die Zahl 72 durch den Zinssatz, den Sie bekommen, und Sie erhalten ungefähr die Anzahl der Jahre, die Ihr Geld benötigt, um sich zu verdoppeln.

Das bedeutet:

72 : 20%	= Verdoppelung alle	3,6 Jahre
72 : 18%	= Verdoppelung alle	4 Jahre
72 : 16%	= Verdoppelung alle	4,5 Jahre
72 : 14%	= Verdoppelung alle	5,1 Jahre
72 : 12%	= Verdoppelung alle	6 Jahre
72 : 10%	= Verdoppelung alle	7,2 Jahre
72 : 8%	= Verdoppelung alle	9 Jahre
72 : 6%	= Verdoppelung alle	12 Jahre
72 : 4%	= Verdoppelung alle	18 Jahre
72 : 2%	= Verdoppelung alle	36 Jahre

Das ist gleichzeitig die Auflösung der zu Beginn dieses Kapitels gestellten Frage. Wer sein Geld alle sechs Jahre verdoppeln will, muss auf Geldanlageformen wie beispielsweise erfolgreiche Aktienfonds setzen, die in guten Zeiten durchaus 12 Prozent Rendite pro Jahr bringen können. Wer dagegen sein Geld auf dem Sparbuch mit 4 Prozent Rendite liegen lässt, der verdoppelt sein Kapital lediglich alle 18 Jahre. Was das – insbesondere für junge Menschen – über einen Zeitraum von beispielsweise 36 Jahren bedeuten kann, zeigt der folgende Vergleich:

Entwicklung einer Einmalanlage von 1000 Euro		
Jahr	12-%-Sparer	4-%-Sparer
6	2000	
12	4000	
18	8000	2000
24	16 000	
30	32 000	
36	64 000	4000
Vorteil 12-%-Sparer	**60 000**	

© FINANZ-INSTITUT Klöckner KG, Lahnstein, www.berndwkloeckner.de

Ergebnis: Obwohl beide Sparer mit dem gleichen Betrag beginnen, verfügt der eine am Ende über 64 000 Euro, der andere lediglich über 4000 Euro. Bei 10 000 Euro Startkapital würde das bedeuten: Der 12-%-Sparer besitzt nach 36 Jahren ein Vermögen in Höhe von 640 000 Euro, der 4-%-Sparer besitzt ein Vermögen in Höhe von 40 000 Euro. Das ist einer der Gründe, wieso Sie über längere Zeit niemals Geld auf dem Sparbuch liegen lassen sollten. Denn: Auf Dauer ist das keine sichere Anlage zu Reichtum, sondern eine sichere Strategie zu Armut.

Interessant ist der Vergleich auch im Hinblick auf Geldgeschenke von Opa, Oma, Patenonkel und Patentante etc. zur Geburt eines

Kindes. Nehmen wir einmal an, so kommen 1000 Euro Startkapital zusammen, die von den Eltern dann zur Geburt des Kindes angelegt werden. Im Folgenden sehen Sie die Zahlen, wie sich das Vermögen bis zum 54. Lebensjahr beim 12-%-Sparer und beim 4-%-Sparer entwickelt:

Entwicklung einer Einmalanlage von 1000 Euro		
Jahr	12-%-Sparer	4-%-Sparer
6	2000	
12	4000	
18	8000	2000
24	16 000	
30	32 000	
36	64 000	4000
42	128 000	
48	256 000	
54	512 000	8000
Vorteil 12-%-Sparer	**504 000**	

© FINANZ-INSTITUT Klöckner KG, Lahnstein, www.berndwkloeckner.de

KAPITEL 3

Finanzprodukte und was Sie darüber wissen müssen

Die wichtigste Regel ist: Wer für alle Finanzprodukte ganz offen ist, kann nicht ganz dicht sein! Dies bedeutet: Glauben Sie nicht alles oder am besten zunächst gar nichts von dem, was Ihnen andere Leute über das Thema Geld erzählen. Die meisten Menschen haben etwas gehört von einem, der wieder etwas gehört hat von einem, der es vielleicht selbst mal irgendwo gelesen hat. Nehmen Sie Ihr Geld ernst und geben Sie es erst dann aus den Händen bzw. investieren Sie es in Finanzprodukte, wenn Sie sicher sind, dass Sie das Finanzprodukt wirklich verstanden haben. Ich weiß, das klingt zunächst fürchterlich langweilig, ist jedoch ein wichtiger Tipp.

Die grundlegende Frage zu jedem Finanzprodukt lautet:

Was kostet es mich und was bringt es mir?

Mit anderen Worten:

Was fließt mir aus der Tasche heraus und was wieder hinein?

Nehmen wir folgende Situation: Sie haben die Schule erfolgreich beendet und beginnen eine Lehre, eine anderweitige Ausbildung oder ein Studium. Spätestens jetzt werden einige Finanzberater (oder ehemalige Freunde, die heute Finanzberater sind) auf Sie aufmerksam und wollen Sie beraten. Die einen wollen Ihnen eine Lebensversicherung verkaufen, die anderen einen Fondssparplan. Unterm Strich ist zunächst gleich, wer was verkaufen will. In allen Fällen geht es um Ihr Geld. Man will an Ihre Spargelder ran. Das ist solange in Ordnung, solange es sich um geeignete und wichtige Geldanlagen handelt. Es ist jedoch nicht in Ordnung, wenn es sich um unsinnige oder zu teure Finanzprodukte handelt.

Im Folgenden werde ich einige der am häufigsten gewählten Finanzprodukte beschreiben und verraten, welche Finanzprodukte wirklich Sinn machen und welche weniger. Meine Beurteilungskriterien berücksichtigen insbesondere junge Menschen, die noch viel, viel Zeit zur Verfügung haben.

Beispiel 1

Philipp ist 18 Jahre jung und beginnt gerade seine Lehre als Informatikkaufmann. Einige seiner Freunde gehen weiter zur Schule oder bereiten sich aufs Studium vor, andere beginnen ebenfalls eine Lehre. So auch Mike, einer von Philipps besten Freunden. Mike wird Versicherungskaufmann. Das war immer sein großes Ziel. Nachdem einige Ausbildungswochen verstrichen sind, meldet sich Mike eines Tages bei Philipp und meint: »Du Philipp, ich habe eine Frage. Hast du Interesse an Geld?« »Ja«, meint Philipp. »Dann würde ich dir gerne etwas zeigen. Können wir uns morgen Abend treffen?« Philipp sagt den Termin zu (schließlich ist es sein Freund Mike), und am nächsten Abend treffen sich die beiden. Mike beginnt, Philipp über das Thema Sparen und Altersvorsorge zu berichten. Er empfiehlt eine Kapital bildende Lebensversicherung mit einer Laufzeit von 37 Jahren. Bei einem monatlichen Betrag von 50 Euro würde Philipp, so Mike, in diesen Jahren selbst 22 200 Euro investieren. Ausbezahlt würden an Philipp nach 37 Jahren rund 75 000 Euro. Also das Dreifache des Betrages, den Philipp selbst investiert hat. Für Philipp ist es sein erstes Geldgespräch. In der Schule wurde über das Thema Geld nicht oder nur sehr selten gesprochen. Finanzprodukte untereinander wurden niemals verglichen. Außerdem: Es ist doch schließlich sein Freund Mike, der ihn hier berät. Damit ist die Entscheidung gefallen: Philipp beschließt stolz, erstmals etwas für seine Altersvorsorge und damit gleichzeitig seinem Freund Mike einen Gefallen zu tun.

STOPP!

Bitte lesen Sie die Geschichte von Philipp und Mike gegebenenfalls ein zweites Mal und notieren Sie die beiden größten Geldfehler, die Philipp bei seiner ersten Geldentscheidung begeht.

Geldfehler 1:
Er verbindet eine Freundschaft mit einer Geldentscheidung.

Geldfehler 2:
Er glaubt und rechnet nicht nach.

An dieser Stelle: Viele Menschen geben Fehler nur ungern zu. Das gilt auch für Geldfehler. Der Grund: Bei einem Fehlereingeständnis haben Menschen das Gefühl, irgendetwas verschuldet zu haben, schuldig zu sein. Meine große Bitte: Betrachten Sie – egal, um welche Fehler es sich handelt – Fehler stets als Zeichen dafür, dass etwas FEHLTE! Es fehlte an etwas. Im Falle von Philipps erster Geldentscheidung in unserem Beispiel fehlte es an Gelderfahrung, fehlte es an Geldwissen. Wer auf Dauer gewinnen will, sorgt dafür, dass er die Fehlerquellen findet und korrigiert. Handelt es sich also um die Fehlerquelle »Zu geringe Geldkenntnisse«, dann gibt es zwei Möglichkeiten zu reagieren: 1. Eigenes Geldwissen aufbauen, sprich möglichst viel über Geld und den richtigen Umgang mit Geld zu lesen. 2. Keine Geldentscheidungen zu treffen, bis das nötige Geldwissen aufgebaut ist, sondern stets ein oder zwei Experten um Rat fragen.

Zurück zu Philipp und seinen beiden Geldfehlern. Die Situation von Philipp ist nicht außergewöhnlich, denn: Die meisten – richtig teuren – Geldfehler werden gemacht, weil man sich von einem Freund beraten lässt. Handelt es sich um wirkliche Freunde, die einem in solchen Fällen alle Vor- und Nachteile zu einer Geldentscheidung nennen, ist das in Ordnung. Nicht in Ordnung ist es jedoch, aus Freundschaft auf viele tausend Euro an Vermögen zu verzichten. Betrachten wir einmal Philipps Anlageentscheidung zum Abschluss der Kapital bildenden Lebensversicherung genauer:

Es handelt sich um eine Versicherung auf den Todes- und Erlebensfall. Das bedeutet: Stirbt Philipp, wird eine bestimmte Summe ausbezahlt. Lebt er bei Ablauf der Versicherung, erhält er die genannten rund 75 000 Euro.

Die erste Frage lautet nun: Braucht Philipp mit 18 Jahren eine Versicherung, bei der im Falle seines Todes viel Geld ausbezahlt wird? Was meinen Sie? Die Antwort lautet eindeutig: NEIN! Philipp braucht keinerlei Todesfallschutz. Es gibt (noch) keine Familie, die für diesen schlimmen Fall versorgt sein müsste. Das bedeutet: Die Kapital bildende Lebensversicherung ist für Philipp schlichtweg das falsche Produkt. Es ist deswegen falsch, weil ein Teil der monatlichen Sparrate von Philipp (50 Euro) auch für diese Todesfallversicherung draufgeht. Er zahlt also Geld für eine Leistung, die für ihn völlig unsinnig ist. Im Folgenden verrate ich Ihnen die Zahlen, die Philipp an Vermögen erreichen könnte, wenn er über 37 Jahre sein Geld monatlich in erfolgreiche, international anlegende Aktienfonds investiert. Bevor ich diese Zahlen nenne, schätzen Sie bitte wieder selbst. Übertreiben Sie nicht, sondern versuchen Sie, realistisch jeweils eine Zahl zu nennen.

1. Wie hoch könnte das Vermögen am Ende der 37 Jahre statt der 75 000 Euro aus der Versicherung sein, wenn Philipps Spargelder sich mit einer Rendite von 10 Prozent verzinsen?

_____

(Ihre Schätzung)

2. Wie hoch könnte das Vermögen am Ende der 37 Jahre statt der 75 000 Euro aus der Versicherung sein, wenn Philipps Spargelder sich mit einer Rendite von 13 Prozent verzinsen?

_____

(Ihre Schätzung)

Sie haben jeweils eine Zahl geschätzt? Dann möchte ich Ihnen nun das Ergebnis verraten. Im ersten Fall, also bei einer Anlage mit 10 Prozent Rendite sind es nach 37 Jahren rund 200 000 Euro. Im zweiten Fall, also bei einer Anlage mit angenommenen 13 Prozent Rendite pro Jahr wären es sogar über 420 000 Euro.

Was diese Zahlen bedeuten, lässt sich wie folgt am besten darstellen:

Im ersten Fall beträgt die Differenz zu den 75 000 Euro Auszahlung der Lebensversicherung 125 000 Euro. Im zweiten Fall sind es 420 000 Euro minus 75 000 Euro, also 345 000 Euro Differenz. Wohlgemerkt bei gleicher Einzahlung (also 22 200 Euro in 37 Jahren). Wer nun die Differenz in beiden Fällen durch die Anzahl der Jahre (37) und dann durch die Anzahl der Monate pro Jahr (12) dividiert, kommt auf den Betrag, den Philipp für die Freundschaft mit Mike sozusagen jeden Monat zusätzlich drauflegt.

»Freundschaftsgeld« pro Monat in Fall 1

Differenz	125 000 Euro
dividiert durch	37 Jahre
ergibt	3378,38 Euro pro Jahr
dividiert durch	12 Monate pro Jahr
ergibt	282 Euro pro Monat

Das bedeutet im Fall 1: Philipp zahlt dafür, dass er seinem Freund Mike einen Gefallen tun möchte, einen sehr hohen Preis. Umgerechnet rund 282 Euro pro Monat entgehen Philipp durch diese falsche Geldentscheidung.

»Freundschaftsgeld« pro Monat im Fall 2

Differenz	345 000 Euro
dividiert durch	37 Jahre
ergibt	9324,32 Euro pro Jahr
dividiert durch	12 Monate pro Jahr
ergibt	777 Euro pro Monat

Das bedeutet im Fall 2: Philipp zahlt dafür, dass er seinem Freund Mike einen Gefallen tun möchte, einen noch höheren Preis. Umgerechnet 777 Euro pro Monat entgehen Philipp durch diese falsche Geldentscheidung.

Die Botschaft lautet: Gewinner trennen Freundschaft und Geldentscheidungen. Natürlich sollen Sie einem wirklich guten Freund helfen, wenn dieser in Geldschwierigkeiten steckt und Sie um Hilfe bittet. Aber Sie sollten niemals Geldentscheidungen treffen, um einem Freund einen Gefallen zu tun.

Hinweis:
Das Beispiel von Philipp und Mike ist keineswegs aus der Luft gegriffen. Es ist vielmehr Alltag. Denn: In zahlreichen Versicherungsunternehmen werden die Auszubildenden besonders dann gelobt, wenn sie viele Verträge abschließen, also viel Umsatz machen. Das sprechen die Versicherungsunternehmen zwar nicht offen aus, in Insiderkreisen ist diese Tatsache jedoch wohl bekannt. Ich erinnere mich gut an einen jungen Mann, der im selben Fitnesscenter wie ich trainierte. Erst wenige Monate in der Ausbildung zum Versicherungskaufmann, hatte er nur ein Ziel: Vor seinen Chefs mit den meisten Versicherungsabschlüssen zu glänzen. Das gelang ihm, indem er einen Freund nach dem ande-

ren versicherte, ohne jemals darauf zu achten, ob die Kapitallebensversicherung wirklich die beste Form der Geldanlage für seine Freunde war. Fatal daran ist: In der Regel wissen die jungen Menschen, die Versicherungen verkaufen, nicht, welch schlechten Dienst sie ihren Freunden erweisen. Und den Freunden ist selten bekannt, dass ihr Freund, der nun Versicherungen verkaufen will (oder auch muss), eigentlich noch viel zu wenig Ahnung hat, um wirklich beurteilen zu können, ob er mit dem Verkauf seiner Finanzprodukte seinen Freunden einen Gefallen tut.

Tipp:

Gerade junge Leute tun sich schwer, andere Menschen um Rat zu fragen. Man will, insbesondere in jungen Jahren, endlich eigene Entscheidungen treffen. Doch auch älteren Menschen fällt es nicht leicht, zu sagen: »Ich habe keine Ahnung von Gelddingen. Ich frage einmal zwei oder drei Bekannte, die davon mehr verstehen!« Falscher Stolz kann hier, wie das Beispiel von Philipp und Mike zeigt, viele hunderttausend Euro an Vermögen kosten. Deswegen gilt: Wenn Sie bei einer Geldentscheidung wissen, dass Sie selbst viel zu wenig Ahnung haben, um die wirklich beste Entscheidung zu treffen, dann geben Sie es zu und fragen Sie vor der endgültigen Entscheidung drei Personen, die sich in Sachen Geld auskennen, um Rat. Clevere Geldanleger nutzen auch das Internet als Informationsquelle. Hier gibt es zahlreiche Anbieter, die umfangreiche und vor allem unabhängige Informationen rund um das Thema Geld bieten. Ein hervorragendes Beispiel ist der Internetanbieter www.yomo.de. Dieser unabhängige Finanznavigator bietet Ihnen regelmäßig aktualisierte Top-Links zu anderen Geldseiten. Wie auch immer: Vermeiden Sie einsame (Geld-)Entscheidungen, insbesondere, wenn Sie auch noch aus Freundschaft handeln.

Vorsicht Falle: Kapital bildende Lebensversicherungen, die regelmäßig Geld ausschütten

Immer wieder gibt es Geldfallen in Form von teuren, letztlich jedoch unsinnigen Finanzprodukten. Ein kleines Beispiel: Einige Versicherungsgesellschaften haben erkannt, dass die Menschen gerne sparen und konsumieren kombinieren würden. Die Folge waren und sind so genannte TEILAUSZAHLUNGSTARIFE. Wie der Name schon sagt, handelt es sich um Versicherungen, die das Geld an die Versicherungsnehmer, also an die Kunden, nur teilweise auszahlen. Solche Angebote werden dann mit der Werbung verkauft: »Immer wieder Geld«, oder »Sparen und trotzdem regelmäßige Auszahlungen.« Achten Sie bei solchen Angeboten darauf, dass Ihnen der jeweilige Finanzberater die Rendite nennt. Entscheidend ist nicht, wie oft Sie Geld bekommen, entscheidend ist, ob sich ein Sparplan unterm Strich lohnt. In der Praxis rechnen sich diese Teilauszahlungstarife jedoch nur in den seltensten Fällen. Meistens liegt die Rendite zwischen mageren 5 und 6 Prozent. Daher gilt grundsätzlich: Finger weg von undurchsichtigen »Teilauszahlungstarifen«. Es sei denn, der Berater nennt Ihnen für die gesamte Laufzeit inklusive aller Teilauszahlungen die wirkliche Rendite. Lassen Sie sich diese Renditeangabe schriftlich mit Unterschrift des Beraters geben. In vielen Fällen werden die Berater Ihnen die Rendite nicht nennen können. Oder aber die Rendite ist, wie oben erwähnt, sehr, sehr niedrig.

Bonussparen und hohe Verluste

Bevor es zum nächsten Kapitel geht, noch ein letzter Vergleich. Viele Eltern, Omas und Opas oder Paten denken, dass sie erst einmal das Geld für ein Kind bis zum 18. Lebensjahr »sicher« anlegen wollen und das Kind dann bei Volljährigkeit selbst entscheiden soll, wie es sein Geld weiter investieren will. Manche Erwachsene wählen hierfür so genannte Bonusprogramme von Banken und Sparkassen oder empfehlen diese Bonussparprogramme ihren Kindern. Bei diesem Bonussparen geht es um Folgendes:

Die Bank bietet beispielsweise über 18 Jahre eine Rendite von 3 Prozent. Wer die 18 Jahre durchgehalten und fleißig gespart hat, bekommt auf die Summe der eigenen Einzahlungen einen einmaligen (Schluss-)Bonus von sagen wir 30 Prozent. Hierzu ein Beispiel:

Marions Eltern zahlen jeden Monat 100 Euro in ein solches Bonussparprogramm ein. Bei einer jährlichen Rendite von 3 Prozent kommen so über 18 Jahre 28 481 Euro zusammen. Damit nicht genug: Auf die Summe der eigenen Einzahlungen, also

$$100 \text{ Euro} \times 12 \text{ Monate} \times 18 \text{ Jahre} = 21\,600 \text{ Euro}$$

zahlt die Bank nun einen einmaligen Bonus von 30 Prozent, also

$$21\,600 \text{ Euro} \times 30 \text{ Prozent} = 6480 \text{ Euro}$$

Insgesamt kommen so nach 18 Jahren zur Auszahlung

	28 481 Euro	
plus	6 480 Euro	Bonuszahlung
ergibt	34 961 Euro	

Viele Anleger sehen nun lediglich dieses Vermögen von 34 961 Euro und denken sich: »Das ist doch eine stattliche Summe für unsere Tochter/unseren Sohn.« Nur wenige prüfen nach, ob sich dieses Bonussparen wirklich gelohnt hat. Was meinen Sie, welche Frage ist noch entscheidend für die Beurteilung des oben beschriebenen Bonussparplans? Bitte überlegen Sie einen kurzen Moment. Ich wiederhole noch einmal: Sie kennen die Sparraten (100 Euro monatlich über 18 Jahre). Sie kennen den Auszahlbetrag nach 18 Jahren. Welche wichtige Zahl kennen Sie noch nicht? – DENKPAUSE – Ich verrate es Ihnen: Es ist die Höhe der Rendite. Es ist die alles entscheidende Frage:

Welche Rendite liegt diesem Bonussparplan unter Berücksichtigung des Bonus von 30 Prozent am Ende der Laufzeit zu Grunde?

Das Ergebnis lautet: rund 5 Prozent Rendite. Hier gilt: Wenn Sie mit Taschengeld Millionär werden wollen, fragen Sie den jeweiligen Anlageberater immer nach der jährlichen Rendite. Je einfacher Sie fragen, desto besser. In unserem Beispiel könnten Sie zu dem Bankberater beispielsweise sagen:

»Wissen Sie, das mit dem Bonus ist für mich nicht so wichtig. Sagen Sie mir doch einfach, was mir in den 18 Jahren aus der Tasche hinausfließt und was mir nach 18 Jahren, mit welchen Bonuszahlungen auch immer, wieder hineinfließt. Und dann nennen Sie mir bitte die Rendite, mit der sich dieser Sparplan insgesamt gelohnt hat!«

Je häufiger Sie solche Fragen stellen, desto eher schützen Sie sich davor, für Ihr Taschengeld die falschen Entscheidungen zu treffen.

Zurück zum oben beschriebenen Bonussparplan und der Antwort auf die Frage: »Was könnte an Endvermögen herauskommen, wenn das Geld monatlich in einen erfolgreichen Aktienfonds einbezahlt würde?«

Im Folgenden nenne ich Ihnen die möglichen Endsummen bei unterschiedlichen Renditen und die Differenz zum Endvermögen aus dem viel versprechenden, jedoch letztlich nicht besonders lukrativen Bonussparplan:

Bonussparen contra Aktienfondssparen		
Rendite	Vermögen nach 18 Jahren	Differenz zum Bonussparen (34 961 Euro)
8 Prozent	44 347 Euro	9 386 Euro
10 Prozent	54 460 Euro	19 499 Euro
12 Prozent	67 146 Euro	32 185 Euro
© FINANZ-INSTITUT Klöckner KG, Lahnstein, www.berndwkloeckner.de		

Ergebnis: Wenn es an der Börse gut läuft und ein Aktienfonds bringt durchschnittlich 12 Prozent Rendite pro Jahr, dann ist die Auszahlung zum Ende nahezu doppelt so hoch wie beim verlockend klingenden Bonussparprogramm.

Dieses Beispiel zeigt: Mit Taschengeld Millionär zu werden ist grundsätzlich möglich. Entscheidend ist jedoch das richtige Geldwissen. Viele Menschen machen gerade bei kleinen Beträgen den entscheidenden Fehler, dass sie sich die Anlage dieses »Taschengeldes« aus der Hand nehmen lassen, weil sie beispielsweise den Berater bei der Sparkasse oder Bank schon seit Jahren kennen und auf dessen Rat vertrauen, ohne sich nach den konkreten Zahlen zu erkundigen. Um zu zeigen, warum sich im Fall dieses Bonussparens eine falsche Entscheidung über weitere Anlagejahre betrachtet gravierend auswirkt, folgende Rechnung:

Gehen wir einmal davon aus, dass Marions Eltern das Bonussparen wählen, die Eltern einer guten Freundin von ihr, Miriam, entscheiden sich dagegen fürs Fondssparen. Nach 18 Jahren, Marion und Miriam sind weiterhin sehr gute Freundinnen, setzen sich beide zusammen, sprechen über Geld und vergleichen ihr Vermögen. Beide sind nahezu zeitgleich 18 Jahre alt geworden und haben von ihren Eltern die Summe der Sparverträge (also Bonussparen bei Marion und Aktienfondssparen bei Miriam) ausgezahlt bekommen. Beide beschließen, da sie Geldunterricht in der Schule hatten, dieses Geld nicht zu verbrauchen, sondern weiter anzulegen als frühzeitige Altersvorsorge mit dem Ziel, sich ihr Vermögen mit 55 Jahren auszahlen zu lassen. Marion entscheidet, da sie sieht, dass Miriam trotz gleicher Einzahlungen der Eltern in den 18 Jahren über nahezu doppelt so viel Geld verfügt, künftig auch in Aktienfonds zu investieren. Beide wollen nun jeden Monat 100 Euro aus eigener Tasche einzahlen. Mehr ist nicht möglich, da sowohl Marion als auch Miriam studieren wollen.

Schätzen Sie nun einmal das Vermögen von Marion und Miriam, das diese bis zu ihrem 55. Lebensjahr besitzen. Beide legen die Auszahlungen aus den Sparplänen der Eltern an (Marion 34 961 Euro, Miriam 67 146 Euro) und investieren zusätzlich 100 Euro monatlich. Über welches Vermögen verfügen beide nach 37 Jahren bei einer Rendite des Aktienfondssparens von durchschnittlich 10 Prozent:

1. Schätzung: _____ (Marion)

1. Schätzung: _____ (Miriam)

Über welches Vermögen verfügen beide nach 37 Jahren bei einer Rendite des Aktienfondssparens von durchschnittlich 12 Prozent:

2. Schätzung: _____ (Marion)

2. Schätzung: _____ (Miriam)

Hinweis: Wenn Sie Kinder und Jugendliche unterrichten, können Sie mit diesem Beispiel des Bonussparens und Aktienfondssparens ein oder zwei Unterrichtsstunden ausfüllen. Als Eltern können Sie mit Ihren älteren Kindern dieses Kapitel besprechen und Ihre Kinder die obigen vier fehlenden Angaben schätzen lassen.

Schätzen Sie bitte jetzt! – DENKPAUSE –
Die richtigen Zahlen lauten:

Vermögen mit 55 Jahren bei 10 Prozent angenommener Rendite

Marion: 1 526 000 Euro
Miriam: 2 569 000 Euro

Differenz: 1 043 000 Euro

Vermögen mit 55 Jahren bei 12 Prozent angenommener Rendite

Marion: 2 860 000 Euro
Miriam: 4 890 000 Euro

Differenz: 2 030 000 Euro

Ergebnis: Wenn beide nach dem 18. Lebensjahr die gleiche Anlageform wählen, besitzt Miriam eines Tages bei 10 Prozent angenommener Rendite über 1 Million Euro mehr als Marion. Bei einer angenommenen Rendite von 12 Prozent sind es bereits über 2 Millionen Euro.

Eine falsche Geldentscheidung zu Beginn eines Sparplans bis zum Ende einer geplanten Laufzeit kann also Millionenbeträge kosten. Oder zumindest sehr teuer sein, denn schließlich könnte Marion, nachdem sie nun den Unterschied in der Endauszahlung kennt, versuchen, den Anlagefehler der Vergangenheit wieder gutzumachen. Die Frage lautet also: Wie hoch müsste Marions Sparbeitrag sein (statt der 100 Euro), um mit 55 Jahren ebenfalls wie Miriam bei 10 Prozent angenommener Rendite 2 569 000 Euro oder bei 12 Prozent angenommener Rendite sogar 4 890 000 Euro herauszubekommen?

1. Im Falle der 10 Prozent Rendite müsste Marion monatlich statt der 100 Euro bereits stolze 350 Euro investieren.

2. Im Falle der 12 Prozent Rendite müsste Marion monatlich statt der 100 Euro bereits stolze 400 Euro investieren.

Beide Varianten kommen für Marion nicht in Frage, da sie die nächsten sechs Jahre studieren will. Das bedeutet: Marion hat keine Chance, den Geldanlagefehler der Eltern wieder wettzumachen. Und genau darum geht es: Je früher Geldwissen vermittelt wird, desto besser. Ganz zu Beginn habe ich den Faktor Zeit erwähnt: Je mehr Zeit ein Geldanleger hat, desto mehr kann er aus seinem Geld – die richtigen Geldentscheidungen vorausgesetzt – machen. Je weniger Zeit ein Geldanleger hat, desto schwieriger wird es, ein Vermögen aufzubauen und umso schwieriger wird es ebenfalls, Geldfehler der Vergangenheit zu korrigieren.

Liebe Eltern, liebe Erwachsene: Bitte verstehen Sie dieses Beispiel nicht als Schuldzuweisung. Auch für Sie gilt: Sie hatten keinen Geldunterricht und konnten daher bei so mancher Geldentscheidung nicht wissen, ob diese möglicherweise falsch war. Mit diesem Beispiel geht es mir ausschließlich darum zu vermeiden, dass Fehler wiederholt werden.

KAPITEL 4

Ausbildungsfinanzierung –
Wichtige Tipps für künftige Millionäre

Im Folgenden geht es um ein Thema, über das jeder Jugendliche mit seinen Eltern sprechen sollte, wenn er auf Dauer mit Taschengeld wirklich zum Millionär werden will. Es geht um die so genannte Ausbildungsversicherung. Versichert wird, dass die Ausbildung der Kinder garantiert ist (durch Zahlung einer bestimmten Geldsumme) für den Fall, dass der Ernährer einer Familie, Vater oder Mutter, frühzeitig stirbt.

Am besten ist es, sich diese besondere Variante der Ausbildungsversicherung in Zahlen anzusehen und im Anschluss diese Zahlen mit anderen Formen der Geldanlage zu vergleichen.

Angenommen, ein 30-jähriger Vater zahlt 100 Euro im Monat über eine Laufzeit von 20 Jahren in eine solche Ausbildungsversicherung ein. Verstirbt der Vater frühzeitig, beträgt die Versicherungssumme rund 30 000 Euro. Werden die 20 Jahre vollständig bezahlt, sind bei leistungsstarken Versicherungsgesellschaften zum Schluss rund 50 000 Euro fällig.

ACHTUNG: Wer reich werden und sein Geld clever investieren will, muss die Angebote vergleichen. Einige Versicherungen zahlen bei gleichen Einzahlungsraten von 100 Euro monatlich zum Ende der Laufzeit lediglich rund 43 000 Euro aus.

Einmal mehr gilt die Regel, dass clevere Geldanleger sich stets vom Berater die Frage beantworten lassen: »Was fließt mir aus der Tasche raus (in unserem Beispiel monatlich rund 100 Euro) und was fließt mir eines Tages wieder in die Tasche zurück (in unserem Beispiel rund 50 000 Euro). Wie hoch ist die Rendite dieser Zahlungen? In unserem Beispiel beträgt die Rendite rund

6,87 Prozent. Wer diese Zahl hört und bislang die Seiten dieses Buches aufmerksam gelesen hat, denkt jetzt woran? – Na klar, an die Renditen der unterschiedlichen Geldanlagen und daran, dass man bei einer Investition in Aktien oder Aktienfonds durchaus mit Renditen zwischen durchschnittlich 10 und 12 Prozent kalkulieren darf. Warum lässt sich nun diese Ausbildungsversicherung nicht mit einem einfachen Sparplan mit sagen wir 10 Prozent Rendite vergleichen? Zur Wiederholung: Bei der Ausbildungsversicherung gibt es entweder zum Ende der Laufzeit eine Auszahlung oder dann, wenn der Ernährer, Vater oder Mutter, stirbt.

Das bedeutet, es ist ein Risiko mitversichert. In diesem Fall das Todesfallrisiko des Ernährers. Und genau für dieses Risiko gibt es eine bestimmte Versicherungsform: die so genannte RISIKO-LEBENSVERSICHERUNG.

Stellen Sie sich Ihre »eigene« Ausbildungsversicherung zusammen

Frage 1:
Welches Risiko soll mit welcher Summe versichert werden? Lesen Sie, wenn Sie unsicher sind, noch einmal das Beispiel unserer Ausbildungsversicherung durch. Achten Sie auf den Betrag, der gezahlt wird, wenn der Ernährer der Familie stirbt.

Die Antwort lautet:
Das Todesfallrisiko soll mit rund 30 000 Euro versichert werden. Das ist der Betrag, der von der Ausbildungsversicherung gezahlt würde, wenn der Ernährer der Familie stirbt.

Frage 2:
Wie teuer ist es, wenn eine Versicherungssumme von 30 000 Euro über eine Risikolebensversicherung versichert wird?

Die Antwort lautet:
Je nach Versicherung zwischen 2,50 und 5 Euro im Monat.

Frage 3:
Wie viel Geld bleibt von den 100 Euro zum Sparen und Investieren, wenn von 100 Euro gesamter Sparrate 2,50 bis 5 Euro für die Risikolebensversicherung abgezogen werden müssen?

Die Antwort lautet:
Bei 5 Euro für die Risikolebensversicherung verbleiben 100 Euro minus 5 Euro = 95 Euro.

Frage 4:
Wenn diese 95 Euro in erfolgreiche Aktienfonds investiert werden, wie hoch ist dann das mögliche Vermögen am Ende der geplanten 20 Jahre Laufzeit bei einer angenommenen durchschnittlichen Rendite von 10 bzw. bei einer angenommenen durchschnittlichen Rendite von 12 Prozent?

Die Antworten lauten:

Bei 10 Prozent Rendite   = 65 000 Euro
Bei 12 Prozent Rendite   = 82 000 Euro

Vermögen der
Ausbildungsversicherung = 50 000 Euro
zum Ende der 20 Jahre

Ergebnis: Die Ausbildungsversicherung ist eine Kombination aus einer Lebensversicherung und einem Sparplan bei einer Versicherung. Ist eine solche Ausbildungsversicherung von Eltern und/oder Kindern erwünscht oder aus bestimmten Gründen sinnvoll, dann lohnt es sich auf dem Weg »Mit Taschengeld zum Millionär«, diese Ausbildungsversicherung selbst zu kombinieren. Also: Erstens eine Risikolebensversicherung und zweitens einen Investmentfondssparplan abzuschließen.

Hierzu noch eine interessante Schlussrechnung: Angenommen, am Ende der 20 Jahre Anlagedauer würde das jeweilige Vermögen nicht entnommen, sondern weiter in einem erfolgreichen Aktienfonds angelegt. Dieser bringt in den kommenden Jahren eine angenommene, durchschnittliche Rendite von 11 Prozent. Wie lange müssten Sie bei dem unterschiedlichen Startkapital jeweils warten, bis Ihre Million erreicht ist?

Jahre bis zur ersten Million

Vermögen bei Beginn

Ausbildungsversicherung	»Eigene« Ausbildungsversicherung mit Rendite von	
	10 Prozent	12 Prozent
50 000	65 000	82 000
29 Jahre	**26 Jahre**	**24 Jahre**

Vermögen nach 29 Jahren

1 Million	**1,34 Millionen**	**1,7 Millionen**

Ergebnis: Auch an diesem Beispiel zeigt sich, dass, wer mit Taschengeld – also mit kleineren Sparbeiträgen – Millionär werden will, Anlagefehler oder falsche Geldentscheidungen zu Beginn später kaum noch korrigieren kann. Am deutlichsten wird dies beim Vergleich der Beträge über die Laufzeit von 29 Jahren. Während der Sparer, der zu Beginn die typische Ausbildungsversicherung einer Versicherungsgesellschaft gewählt hat, über 1 Million verfügt, hat derjenige, der die »Ausbildungsversicherung« gewissermaßen selbst kombiniert hat (Risikolebensversicherung in Kombination mit einem Investmentsparvertrag), die Chance auf 70 Prozent mehr Gewinn oder, in Zahlen ausgedrückt, eine Auszahlung von 1,7 Millionen statt nur 1 Million.

KAPITEL 5

Fünf Checkfragen für sichere Aktiengewinne

Wer vermeiden möchte, dass er mit einer aggressiven Strategie zwar immer wieder einzelne Topgewinne erzielt, unterm Strich jedoch ein kleineres Vermögen macht als derjenige, der auf kontinuierliche Gewinne setzt, sollte sich der eigenen Kenntnisse bei der Auswahl einzelner Aktien sicher sein. Das wiederum bedeutet: Sich selbst gegenüber sehr ehrlich zu sein und abzuklopfen, welche Aktienkenntnisse man wirklich hat und welche nicht. Im Folgenden nenne ich Ihnen fünf Checkfragen, die unbedingt beantwortet werden sollten, bevor Sie in Aktien investieren. Denn: Es ist durchaus möglich, mit Taschengeld zum Millionär zu werden. Es ist jedoch unmöglich, wenn Sie alle paar Jahre einen richtigen Aktienflop landen. Dann entwickelt sich Ihr in Aktien angelegtes Taschengeld niemals zu einem großen Vermögen und erst recht nicht zur ersten Million.

Frage 1:
Werden die Umsätze der Branche, in der das Unternehmen, dessen Aktien Sie kaufen wollen, tätig ist, in den nächsten drei Jahren zu- oder abnehmen? Begründen Sie in jedem Fall Ihre Antwort.

Frage 2:
Werden die Umsätze des Unternehmens, dessen Aktien Sie kaufen wollen, in den nächsten drei Jahren zu- oder abnehmen? Begründen Sie in jedem Fall Ihre Antwort.

Frage 3:
Werden die Erträge des Unternehmens, dessen Aktien Sie kaufen wollen, in den nächsten drei Jahren zu- oder abnehmen? Begründen Sie in jedem Fall Ihre Antwort.

Frage 4:
Wer leitet zur Zeit das Unternehmen und welche Qualifikation hat derjenige (oder das gesamte Führungsteam), um die Firma weiter nach vorne zu bringen?

Frage 5:
Welche Marktposition hat das Unternehmen, dessen Aktien Sie kaufen wollen, heute und welche Marktposition wird es künftig haben? Begründen Sie in jedem Fall Ihre Antwort.

(angelehnt an »6 Wachstumstendenzen« von Anthony Robbins, überarbeitet und ergänzt)

Glauben Sie mir: In den letzten Jahren habe ich viele, oftmals junge, begeisterte Aktienanleger kennen gelernt. Fast jeder hatte sein bestimmtes System, fast jeder war der Meinung, er wüsste, wie man erfolgreiche Unternehmen von weniger erfolgreichen unterscheidet. Meist ging es gut, solange die Börsenkurse ohnehin stiegen. Meist ging es jedoch schief, wenn die Börsenkurse einige Zeit sanken.

Die Botschaft lautet: Investieren Sie Ihr Taschengeld, investieren Sie überhaupt nur dann Ihr Geld in Aktien, wenn Sie die oben genannten Fragen zur Zufriedenheit beantworten können. Wenn Sie die Fragen vor Kauf der Aktien eines bestimmten Unternehmens nicht vollständig beantworten können, seien Sie unbedingt ehrlich zu sich selbst. Gestehen Sie sich ein, dass Sie zu wenig von dem jeweiligen Unternehmen wissen, und investieren Sie Ihr Geld lieber in einen erfolgreichen Aktienfonds. Ich nenne diese Vorgehensweise auch die 3-Minuten-Strategie. Das bedeutet: Halten Sie vor jedem Aktienkauf eine dreiminütige Rede über die Tätigkeit, das Management und das Wachstumspotenzial des betreffenden Unternehmens. Können Sie drei Minuten lang zufrieden stellend über die positiven Aussichten des Unternehmens referieren und diese begründen, dann investieren Sie in die Aktien dieses Unternehmens. Geraten Sie schon nach wenigen Sekunden Ihrer 3-minütigen Rede ins Stocken, sollten Sie nicht in diese Aktien investieren, sondern erwerben besser Anteile an einem Aktienfonds.

KAPITEL 6

Sichern Sie sich ab

Wer das Ziel hat, mit Taschengeld Millionär zu werden, für den gilt die in diesem Buch schon des Öfteren genannte Vermögensformel:

Viel Zeit mal wenig Geld

Das bedeutet: Werden nur kleine oder kleinere Beträge (Taschengeld) auf dem Weg zur ersten Million investiert, ist es wichtig, dass die Sparfähigkeit erhalten bleibt. Diese Sparfähigkeit, also die Fähigkeit, Geld verdienen und investieren zu können, hängt im Wesentlichen von der eigenen Erwerbsfähigkeit ab. Könnten Sie durch einen Unfall oder ein anderes Ereignis plötzlich nicht mehr arbeiten, Ihre Ausbildung nicht fortsetzen oder Ihren Beruf nicht mehr ausüben, würde diese Situation schnell die eigenen Geldziele gefährden. Das wiederum bedeutet: Sichern Sie sich für den Fall der Erwerbs- und Berufsunfähigkeit frühzeitig ab. Dazu müssen Sie wissen:

Wie hoch soll ich mich versichern?

Hier möchte ich Ihnen eine einfache Pi-mal-Daumen-Regel verraten, mit der jeder in etwa seinen eigenen Bedarf errechnen kann. Diese Regel lautet:

Versichern Sie sich für rund 60 Prozent Ihres heutigen Einkommens!

Wenn Sie sich gegen Erwerbs- und Berufsunfähigkeit versichern wollen, empfehle ich Ihnen eine Kombination aus Risikolebensversicherung und Berufsunfähigkeitsversicherung. Hierbei gilt: Bei der Erwerbs- und Berufsunfähigkeitsabsicherung ist nicht der Preis der entscheidende Faktor. Wichtiger als der Preis sind die Leistungen der jeweiligen Gesellschaft. Das bedeutet: Es sollten möglichst wenig Einschränkungen und Ausstiegsklauseln für die jeweilige Versicherungsgesellschaft gegeben sein. Im Zweifel – wenn Sie keinen Versicherungsvermittler kennen, dem Sie wirklich vertrauen – wenden Sie sich an einen Versicherungsmakler oder Versicherungsberater. Beide Personengruppen sind verpflichtet, Sie optimal über die Angebote der verschiedenen Versicherungsgesellschaften zu informieren. Informationen über Versicherungsmakler und/oder Versicherungsberater in Ihrer Region finden Sie unter anderem im Internet unter www.yomo.de.

KAPITEL 7

Der 30-Sekunden-Finanzberatertest

Ich werde Ihnen nun einen einfachen, jedoch sehr wirkungsvollen Test vorstellen, mit dem Sie in wenigen Sekunden die fachliche Qualität eines Finanzberaters prüfen können. Man sollte von einem Finanzberater erwarten dürfen, dass er mit Geld und Zahlen leicht und locker rechnen kann. Könnte er mit Geld und Zahlen nicht umgehen, wäre er schließlich kein Finanzberater, sondern ein – FINANZRATER! Und einem Finanzrater, also einem Menschen, der auf konkrete Fragen zum Thema Geld und Zahlen keine Ahnung hat, sollten Sie Ihr Geld niemals anvertrauen.

Beratertest:
Ich bin... Jahre (Ihr Alter) jung und möchte eines Tages mit... Jahren (das gewünschte Rentenalter) monatlich... Euro zur Verfügung haben, und zwar über eine Entnahmezeit von 30 Jahren. Am Ende soll das Kapital aufgezehrt sein. Wie hoch ist das notwendige Vermögen zu Beginn bei einer angenommenen Rendite von 10 Prozent?

Das Ganze könnte dann in der Praxis mit Ihren Zahlen wie folgt lauten:

Ich bin 19 Jahre jung und möchte eines Tages mit 55 Jahren monatlich 3000 Euro zur Verfügung haben, und zwar über eine Entnahmezeit von 30 Jahren. Am Ende soll das Kapital aufgezehrt sein. Wie hoch ist das notwendige Vermögen zu Beginn bei einer angenommenen Rendite von 10 Prozent?

Für diese Aufgabe hat Ihr Finanzberater 45 Sekunden Zeit. Er darf natürlich jedes Hilfsmittel benutzen, sei es Laptop, Taschenrechner oder sonst was. Finanzberater sagen Ihnen die Lösung in 45 Sekunden oder weniger. Alles andere sind Finanzrater.

Es geht sogar noch schneller. Stellen Sie Ihrem Finanzberater eine einfache Sparplanaufgabe mit »krummen« Zahlen. Also:

Wie hoch ist mein Vermögen, wenn ich 13,5 Jahre monatlich 123,456 Euro bei sagen wir 11,35 Prozent Rendite spare? Sie haben 30 Sekunden Zeit für die richtige Antwort.

Auch hier gilt: Qualifizierte Finanzberater können Ihnen auf diese Frage in 30 Sekunden oder weniger die richtige Antwort geben. Finanzberater, die beispielsweise sagen: »Das kann mein Computer nicht«, oder »Das kann man so genau nicht sagen« oder »Drei Stellen hinter dem Komma, also 123,456 Euro, kann mein PC nicht rechnen«, haben mit großer Wahrscheinlichkeit noch nie rechnen gelernt.

Wenn Sie es mit Taschengeld bis zum Millionär schaffen wollen, lautet die Botschaft: Verzichten Sie auf Finanzrater und suchen Sie sich einen Finanzberater. Hilfe finden Sie im Internet, unter anderem unter www.yomo.de.

Grundsätzlich gilt bei jeder Geldanlage:
• Eine Nacht über jede Geldentscheidung schlafen.
• Mindestens drei Personen (die ein wenig Ahnung in Geldangelegenheiten haben) fragen, was diese von der Ihnen angebotenen Geldanlage halten.
• Vergleichen! Vergleichen! Vergleichen!

Die wichtigste Botschaft lautet: Finanzprodukte können Sie auch morgen noch ausreichend »kaufen«. Es gibt keinen Grund zur Eile. Es gibt niemals einen Grund für einen schnellen Vertragsabschluss. Berater, die zeitlichen Druck machen, haben meist nicht Ihren Vorteil im Sinn, sondern denken an die eigene Provision. Lassen Sie sich Zeit!

KAPITEL 8

Taschengeld ist kein Erziehungsgeld

Dieses Kapitel betrifft alle Erwachsenen, die bereits eigene Kinder haben oder zumindest an Kinder regelmäßig Taschengeld zahlen. In vielen Gesprächen mit Erwachsenen habe ich im Laufe der Jahre einige Verhaltensweisen herausgearbeitet, die mir für den Umgang von Kindern und Jugendlichen mit Taschengeld sehr wichtig erscheinen.

TASCHEN – GELD...

... wird deswegen so genannt, weil es in die Taschen der Kinder und Jugendlichen fließen soll. Das bedeutet auch: Wirkliches Taschengeld ist Geld, über das Kinder und Jugendliche frei entscheiden müssen. Schließlich ist es aus Sicht der Kinder und Jugendlichen eigenes Geld. Und: Erwachsene dürfen niemals vergessen, dass der erste Kontakt zur Geldwelt übers Taschengeld stattfindet. Das wiederum bedeutet: Ob Kinder und Jugendliche Spaß am Umgang mit Geld entwickeln und somit nach und nach ihre Verantwortung für ihr Geld steigern, hängt maßgeblich von den Erwachsenen, also in erster Linie von den Eltern ab. Dabei gilt es, verschiedene Regeln zu beachten, die Erwachsene ebenso wie Kinder und Jugendliche gleichermaßen kennen sollten. Ich beschreibe diese Regeln im Folgenden aus Sicht der Eltern als auch aus Sicht der Kinder und Jugendlichen.

Vorgehen	Lesen Sie diese Spalte als Kind oder Jugendlicher	Lesen Sie diese Spalte als Erwachsener mit eigenen Kindern
Kontrolle	Bitten Sie Ihre Eltern darum, dass Sie selbst lernen dürfen, in Bezug auf Geld Verantwortung zu übernehmen. Geben Sie Ihren Eltern das Gefühl, dass Sie Ihre Ausgaben beherrschen.	Verlangen Sie von Ihren Kindern keine Ausgabennachweise und bestehen Sie auch sonst auf keiner Kontrolle. Lassen Sie Ihre Kinder selbst den Umgang mit Geld entdecken und lernen.
Abzüge beim Taschengeld bei schlechten Leistungen/ Fehlverhalten	Reden Sie mit Ihren Eltern, wenn diese schlechte Leistungen in der Schule oder sonstiges, falsches Verhalten mit Taschengeldabzug bestrafen. Wenn Sie jedoch mutwillig etwas zerstören oder einen Schaden anrichten, stehen Sie dazu und gleichen Sie diesen mit Ihrem gesparten Geld aus.	Bestrafen Sie nicht schlechte Leistungen. Motivieren Sie, indem Sie gute Leistungen honorieren. Nicht mit übertriebenen Summen, sondern mit kleinen Beträgen.

Sparzwang	Ihre Eltern meinen es höchstens gut, wenn sie zum Sparen auffordern. Sparen macht dann am meisten Spaß, wenn Sie ein klares Ziel haben. Also: Setzen Sie sich Ziele!	Wenn Sie Kinder, ohne dass Sie ein bestimmtes Spar-ziel haben, zum Sparen zwingen, kann es geschehen, dass diese den Spaß am Sparen vollstän-dig verlieren. Besser ist: Finden Sie mit Ihren Kin-dern Ziele, für die das Sparen Spaß macht.
Sparanreize	Vereinbaren Sie mit Ihren Eltern gemeinsam Spar-ziele. Wenn Sie gut sind, handeln Sie noch eine Beloh-nung aus für den Fall, dass Sie Ihr Ziel erreichen.	Spielen Sie bei-spielsweise das Verdoppelungs-spiel. Das bedeutet: Sie verdoppeln ein-mal am Ende eines Jahres den Betrag, den ein Kind in die-sem Jahr gespart hat.

Der monatliche Geldtag

In vielen Familien (insgesamt jedoch immer noch in viel zu wenigen), zu denen ich seit Jahren Kontakt halte, hat sich der monatliche Geldtag als hervorragender Ansatz erwiesen, um gemeinsam mit den Kindern spannende Geldgespräche zu führen.

**Reden Sie gemeinsam über Geld und schaffen Sie
so eine wichtige Voraussetzung für Reichtum!**

In diesen Gesprächen berichten alle Familienmitglieder darüber, was sie mit dem eigenen Geld gemacht haben. Die Erwachsenen berichten beispielsweise über die anstehenden, größeren Investitionen und die damit verbundenen Überlegungen (Kauf einer Immobilie, Kauf eines neuen Autos, Buchung eines Urlaubs für die gesamte Familie usw.), und die Kinder erzählen von ihren Erfahrungen mit den eigenen Geldgeschäften. Bislang zeigte sich: In allen Familien, in denen ein solcher Geldtag monatlich oder zumindest hin und wieder eingehalten wird, erhält Geld eine ganz andere Rolle und – was noch viel besser ist – alle beteiligten Familienmitglieder optimieren ihr Geldwissen. Wenn Sie Jugendlicher sind und es in Ihrer Familie bislang keinen solchen Geldtag gab, dann legen Sie einen Termin fest und bitten Ihre Eltern, sich für diesen Termin Zeit zu nehmen. Reagieren Ihre Eltern belustigt (was durchaus vorkommen kann, Erwachsene verstehen auch nicht immer sofort den Ernst einer Sache), dann erklären Sie ihnen, dass Sie sich diesen Geldtag ausdrücklich wünschen. Vielleicht sagen Sie einfach mal zu Ihrem Vater: »Papa, ich will aus deinen Geldgeschäften lernen. Es genügt doch, wenn einer von uns Geldfehler macht. Das bist dann du, und ich kann deine Geldfehler vermeiden, wenn du mir davon erzählst.« Ich kann mich gut an meine Eltern, die ich sehr liebe, erinnern. Geld war ein Tabuthema in unserer Familie. Über Geld wurde nicht gesprochen. Es wurde nicht darüber geredet, wie viel jeden Monat verdient wurde, wie hoch das Vermögen auf der Bank war oder was ein Urlaub gekostet hat. Selbst das Haushaltsgeld meiner Mutter war für uns Kinder ein Geheimnis. Damit wurde Geld zu einem Mysterium, es war zu wenig greifbar. Für mich war damit irgendwann klar: Über Geld, auch über Geldschwierigkeiten oder Geldentscheidungen, spricht man nicht. Geldentscheidungen trifft man alleine und redet am besten mit niemandem darüber. Eine fatale Fehleinschätzung, wie mir die nächsten Jahre – in denen ich zahlreiche und oft sehr teure Geldfehler beging – zeigten.

Die Botschaft für Eltern lautet: Je lebhafter in Ihrer Familie über Geld gesprochen wird, desto besser. Je intensiver Sie als Eltern über Geld und Geldentscheidungen sprechen, desto wahrscheinlicher ist es, dass Ihre Kinder eines Tages ebenfalls bei anstehenden Geldentscheidungen mit Ihnen sprechen und die eine oder andere unsinnige oder teure Geldentscheidung unterbleibt. Und denken Sie daran: Das Prinzip der Gewinner lautet:

»Tue es jetzt!«

Für Sie bedeutet das: Wenn Sie für heute das Buch zur Seite legen, vereinbaren Sie innerhalb der Familie den Termin für den ersten Geldtag. Nicht warten, starten! Legen Sie los!

Faustformel für die Dauer von Geldgesprächen

Immer wieder stellen Eltern die Frage, wie lange man mit Kindern über Geld sprechen kann. Die Frage ist durchaus berechtigt, denn mit Sicherheit besitzt ein vierjähriges Kind kein Durchhaltevermögen, um über mehrere Stunden mit einem Erwachsenen über Geld zu reden. Am besten merken Sie sich die Alter-Minuten-Faustformel. Diese Faustformel soll lediglich ein Anhaltspunkt sein: Kalkulieren Sie einfach für jedes Lebensjahr eine Minute als Geldgesprächsdauer. Dabei ist klar: Solche Geldgespräche machen erst ab einem bestimmten Alter Sinn. Meines Erachtens liegt die untere Grenze bei vier Jahren. Also:

Alter	Geldgesprächsdauer
4 Jahre	4 Minuten
5 Jahre	5 Minuten
6 Jahre	6 Minuten
7 Jahre	7 Minuten
usw.	

Wichtige Tipps rund ums Taschengeld

- Taschengeld sollte regelmäßig gezahlt werden. Denn: Unregelmäßige Zahlungen vermitteln Kindern und Jugendlichen das Gefühl von Abhängigkeit und finanzieller Unsicherheit. Und nicht nur das: Wenn Erwachsene Taschengeld zu unterschiedlichen Zeitpunkten auszahlen, dann führt das sehr schnell dazu, dass Kinder der Meinung sind, bei Geldzahlungen könne man so handeln, wie man möchte. Dabei ist eine der wichtigsten Lehren für junge Menschen, dass Geldzahlungen pünktlich zu erfolgen haben, weil es sonst schnell erhebliche Schwierigkeiten gibt.
- Taschengeld sollte sachlich ausgezahlt werden. Das bedeutet: Verbinden Sie die Auszahlung des Taschengeldes niemals mit Vorwürfen oder Klagen wie:»Dabei haben wir selbst so wenig Geld.« Stecken Sie jedoch tatsächlich in finanziellen Schwierigkeiten, sollten Sie mit Ihren Kindern möglichst offen über die Probleme sprechen. Bleiben Sie aber sachlich.
- Diskutieren Sie offen über die Höhe des Taschengeldes. Es ist die einfachste Form, hin und wieder mit Kindern über Geld zu sprechen. Vermitteln Sie Ihren Kindern das Gefühl, dass selbst die Auszahlung des Taschengeldes davon abhängt, wie wirtschaftlich Sie mit Ihrem Partner gearbeitet haben.

Wie bestimme ich die Höhe des Taschengeldes?

Im Folgenden nenne ich aus meiner Sicht sinnvolle Taschengeldbeträge für unterschiedliche Altersstufen. Denken Sie daran: Der Weg zu MEHR GELD, der Weg zu eigenem Reichtum und Wohlstand Ihrer Kinder führt nicht über »viel Geld geben«, sondern zu lehren, wie man trotz Ausgaben möglichst viel Geld behält. Lehren Sie Ihre Kinder, Geld zu behalten. Und: Nutzen Sie die Taschengelddiskussion zu einem gemeinsamen Geldgespräch. Klären Sie mit Ihren Kindern, für was das Taschengeld ausgegeben werden soll. Für Kleidung, Busfahrten, Hobbys? Wichtig ist auch: Die folgenden Zahlen sind lediglich eine Orientierungshilfe. Die genannten Zahlen entsprechen in etwa der Höhe des Taschengeldes, das im Jahr 2001 durchschnittlich in Deutschland gezahlt wird. In erster Linie entscheiden Ihre finanziellen und sozialen Verhältnisse über die Höhe des Taschengeldes.

Alter	Wöchentliches Taschengeld
5	0,5 Euro
6	1,0 Euro
7	1,5 Euro
8	2,0 Euro
9	2,5 Euro
10	3,0 Euro

Alter	Monatliches Taschengeld
10–12	13 Euro
12–14	18 Euro
14–16	20–30 Euro
16–18	30–40 Euro

Weitere Regeln:
- Bezahlen Sie das Taschengeld immer an einem festen Tag aus. Beispielsweise am ersten Samstag eines Monats. Oder jeden Samstag, wenn Sie das Taschengeld wöchentlich auszahlen. Die wöchentliche Auszahlung bietet sich bis zum Alter von

zehn Jahren an. Von Kindern bis zu zehn Jahren darf nicht erwartet werden, dass sie ein monatlich gezahltes Taschengeld schon auf die vielen Tage eines Monats aufteilen können. Dafür fehlt schlichtweg das Zahlengespür. In jedem Fall gilt: Pünktliche Auszahlung! Wenn Sie selbst mal früher, mal später Taschengeld auszahlen, werden die Kinder Geld und Bezahlen nicht mit festen Terminen in Verbindung bringen. Im Gegenteil: Die Kinder werden sich abgucken, dass man offensichtlich Geld bezahlen kann, wann man will. Lehren Sie Verantwortlichkeit für feste Zahlungstermine, indem Sie diese Verantwortlichkeit selbst als Vorbild leben

- Bezahlen Sie in jedem Fall so viel Taschengeld, dass (theoretisch) von diesem Geld gespart werden könnte. Nur so kann Ihr Kind, können Ihre Kinder sparen lernen.

- Erhöhen Sie in jedem Fall mit zunehmendem Alter das Taschengeld. Wie viel Sie erhöhen, ist dabei weniger wichtig. Wichtig ist, dass Sie es erhöhen. Nach und nach übernehmen Kinder auf diese Weise immer größere Verantwortung für größere Beträge.

KAPITEL 9

Fordern Sie Geldunterricht an Schulen!

Dieses Kapitel liegt mir sehr am Herzen. Die Botschaft lautet: Fordern Sie Geldunterricht an Schulen. Fordern Sie diesen Geldunterricht als Schüler und auch als Eltern. Dabei darf ich Ihnen aus eigener Erfahrung verraten: Sie werden feststellen, dass Sie regelrecht Druck auf die Schulleitung und die jeweiligen Fachkundelehrer ausüben müssen, damit ein solcher Unterricht durchgeführt wird. Ich darf das so formulieren, weil ich in den letzten Jahren zahlreiche Versuche unternommen habe, ohne Entgelt, ohne Honorar mit Schulen in Sachen Geldunterricht ins Gespräch zu kommen. Ich möchte Ihnen dazu vier Begebenheiten aus der Praxis erzählen.

Fall 1
München im Jahr 1999: Rund 200 Kinder und Jugendliche im Alter zwischen 12 und 18 Jahren hörten gespannt bei einem meiner Geldseminare, speziell für Kinder und Jugendliche, zu. Alle Teilnehmer machten sich fleißig Notizen zu meinen Ausführungen. Wir sprachen 1½ Stunden über Finanzprodukte, Zins- und Zinseszins, die Geldanlage in Investmentfonds und die Vor- und Nachteile verschiedener Anlageformen. Wir sprachen auch darüber, wie man seriöse von weniger seriösen Finanzberatern unterscheidet und welche Fehler es bei der Geldanlage zu vermeiden gilt. Die Kinder und Jugendlichen waren hellwach und bei der Sache, zeigten ein hervorragendes Zahlengefühl beim Thema Zins und Zinseszins und verstanden innerhalb kürzester Zeit, wie man Finanzprodukte prüfen kann. Plötzlich stand ein Junge, nach eigenen Angaben 14 Jahre jung, auf und meinte: »Ich habe Neue-Markt-Fonds der Fondsgesellschaft XX. Soll ich diesen Fond halten oder besser in andere Fonds wechseln? Welche Fonds empfehlen Sie?« Dann setzte er sich wieder und sah mich erwartungsvoll an. Wir haben anschließend gemeinsam über

Fonds diskutiert und darüber, welche Fonds zu empfehlen sind und welche weniger. (Siehe Anhang, Seite 182.)

Fazit: Wir unterschätzen nahezu fahrlässig die Auffassungsgabe unserer Kinder in Sachen Geld und Geldwissen. Viele Erwachsene können beim Thema Geldanlage den Kindern und Jugendlichen kaum noch etwas Neues sagen. Denn: Zahlreiche Kinder und Jugendliche sind bereits, wie dieser Junge bewies, weiter als die Elterngeneration mit 14 Jahren jemals war. Zumindest ich kann mich nicht daran erinnern, im Alter von 14 Jahren bereits mit Erwachsenen über die Geldanlage in Fonds diskutiert zu haben oder darüber, welche Fonds Erfolg versprechend sind und welche nicht.

Fall 2

Geldunterricht in Reken, Overberg-Hauptschule im Dezember 1998: (Der Dank in diesem Fall gilt Gerda Marie Möller, die diesen Geldunterricht forderte, bis er in einer Klasse umgesetzt wurde.) Vor Stundenbeginn, ein Team von n-tv war mit dabei, wurde ich darauf hingewiesen, nicht zu schwere Fragen an die Schüler zu stellen, da ihr Geldwissen nun auch nicht »so« gut sei. Dann begann der Unterricht, und wir hatten 1½ Stunden sehr viel Spaß rund um alle Geldfragen, rund um das Thema Zins und Zinseszins.

Fazit: Von wegen, Schüler haben möglicherweise zu wenig Geldkenntnisse ... Der Geldunterricht in Reken bewies: Wenn der Inhalt spannend vermittelt wird, sind die Schüler hellwach dabei.

Fall 3

Juli 1999 in Koblenz: Der leitende Regierungsschuldirektor und der Volksschuldirektor luden über 20 Sozial- und Wirtschaftskundelehrer an einem Nachmittag um 15 Uhr zu einem Gespräch mit einem meiner Kollegen aus unserem Institut und mir ein. Die Einladung ging schriftlich an die einzelnen Lehrer. Der Text lautete:

»… Im Sinne des Verbraucherschutzes sollte also das Wissen über die Vergleichskriterien der oben genannten Angebote stärker verbreitet werden. Der Weg über die Schulen an die Jugendlichen wäre ein Transportkanal… die Multiplikation über die Elternvertretungen ein dritter Weg… In einem ersten Schritt möchten Bezirksregierung und Volkshochschule Sie als Sozialkundelehrer ansprechen und zu dem unten angeführten Treffen einladen, weil wir der Auffassung sind, dass Sie von Ihrer Fachausrichtung her am ehesten für das Thema sensibilisiert sind und gerne Elemente von Geldwissen in Ihren Unterricht aufnehmen würden…«

Als Termin wurde der 9. September, 15 Uhr, vereinbart. Der Termin rückte immer näher, endlich war der Tag da. Es wurde 15 Uhr und… kein einziger Lehrer ließ sich blicken. Trotz schriftlicher Einladung des Bezirksschuldirektors kam kein einziger der über 20 geladenen Lehrer. Ahnen Sie den Grund? Wir haben es später erfahren: Der Termin war unglücklicherweise in die unterrichtsfreie Zeit der Lehrer gelegt worden. Offensichtlich war es keinem der Lehrer möglich, in seiner freien Zeit zu erscheinen, obwohl es um den Inhalt eines praxisnahen Geldunterrichts an Schulen ging. Ebenso erstaunlich und für die eingeladenen Lehrer nahezu beschämend war die Tatsache, dass keiner von ihnen absagte. Das bedeutet: Die Mindestumgangsformen, die im Geschäftsleben gewahrt werden – hierzu gehört auch das rechtzeitige Absagen bei Nichterscheinen – blieben unberücksichtigt.

Fazit: Das Verhalten der Lehrer im Bereich der Bezirksregierung Koblenz war eine Blamage sondergleichen. Die Reaktion oder besser die vollständige Nichtreaktion zeigte deutlich: Geldunterricht an Schulen wurde – zumindest damals – von Seiten der Lehrerschaft keinerlei Bedeutung beigemessen.

Fall 4

Sommer 2001. Tatort: eine Realschule in einer Kleinstadt mit rund 100 000 Einwohnern. Der stellvertretende Schuldirektor vereinbarte, mit mir einen Geldunterricht für zwei Klassen seiner Schule durchzuführen. Für diesen Geldunterricht mussten natürlich auch die betreffenden Lehrer der beiden Klassen befragt werden. Es fand ein gemeinsames Gespräch statt. In diesem Gespräch fielen auf meine Nachfrage, ob ein solches Geldtraining, ein solcher Geldunterricht denn von Interesse sei, von einer der beiden betroffenen Lehrkräfte Bemerkungen wie »Ist mir wurscht …« Oder »Machen Sie es doch, wenn Sie wollen …« Von Initiative, konkreter gemeinsamer Vorbereitung keine Spur. Der Geldunterricht fand dennoch, unter anderem auf Wunsch des stellvertretenden Schuldirektors, statt. Das Ergebnis: 21 begeisterte Schülerinnen und Schüler. Ein Schüler, der nach spannenden »Millionär oder blauer Dunst«-Beispielen sofort seine Zigaretten verschenkte und beschloss, mit dem Rauchen aufzuhören. 21 Schülerinnen und Schüler, die sich bewusst wurden, wie sehr die drei alles entscheidenden Faktoren Zeit, Zins und Geld zusammenhängen.

Zusammenfassung: Diese vier Geschichten habe ich erzählt, um Ihnen zu zeigen, dass es nur die Erwachsenen sind, die die Wirkung von Geldunterricht an Schulen unterschätzen. Es sind teils ignorante, besserwissende Lehrer (neben vielen, die engagiert und mit viel Mühe einen fantastischen Unterricht gestalten), es sind teils regelrecht faule und bequeme Pädagogen, was sich schnell zeigt, wenn Termine außerhalb der Komfortzone vereinbart werden. Das ist schade. Denn: Alle Kinder und Jugendlichen, die ich bislang bei Gesprächen rund um das Thema Geld kennen lernen durfte, waren an Geldthemen und Geld-Know-how sehr interessiert.

Meine Botschaft lautet daher: Fordern Sie mit allem Nachdruck Geldunterricht an Ihrer Schule. Ein guter Geldunterricht muss nicht länger dauern als zwei oder drei Schulstunden. An mangelnder Zeit kann es also nicht liegen, wenn Lehrer oder Schulen nicht bereit sind, einen solchen Geldunterricht durchzuführen. Wenn Schulen oder Lehrer weiterhin behaupten wollen, dass man nicht für die Schule, sondern für das Leben lernt, dann sollte Geldunterricht möglichst kurzfristig zum Pflichtfach werden. Mit Geldunterricht meine ich nicht die Teilnahme an einem Börsenspiel. Es geht um Geldunterricht in Bezug auf Geldstrategien, Umgang mit Geld, Finanzprodukte und Geldberatung.

Mein Angebot an Sie: Wenn es Ihnen als Kinder, Jugendliche oder Eltern gelingt, die Schulleitung Ihrer Schule und die betreffenden Fachkundelehrer von der Notwendigkeit eines solchen Geldunterrichts zu überzeugen, stehe ich Ihnen zur Durchführung zur Verfügung. Für diesen Geldunterricht an Schulen verlange ich kein Honorar. Bei konkreten Anfragen nehmen Sie bitte unter mail@berndwkloeckner.de Kontakt zu mir auf.

Lesen Sie Geldbücher

Lassen Sie sich gute Geldbücher schenken. Ich nenne Ihnen im Anhang, Seite 183, einige Bücher rund um das Thema Geld, von denen ich glaube, dass diese Bücher Sie begeistern könnten. Je mehr Sie zu einem bestimmten Thema lesen, desto leichter wird es Ihnen fallen, das Gelesene miteinander zu verknüpfen. Sie kennen das vom Lernen für die Schule: Wenn Sie in einem Fachgebiet eine bestimmte Menge an Wissen gelernt und aufgenommen haben, fällt es Ihnen immer leichter, neues zusätzliches Wissen zu diesem speziellen Fachgebiet zu erlernen. Ebenso ist es beim Thema Geld: Je früher Sie beginnen, Geldbücher zu lesen, umso leichter wird es Ihnen von Buch zu Buch fallen, das Gelesene zu verstehen und einzuordnen.

KAPITEL 10

Das Internet als Informationsquelle

In den Kapiteln dieses Buches wird eines klar: Wer mit Taschengeld auf Dauer Millionär werden will, hat gute Chancen. Diese Chancen sind umso besser, je gründlicher und cleverer sich Geldanleger informieren. Eine hervorragende Informationsquelle ist das Internet. Das Internet hat im Geldbereich vieles verändert. So war es für einen Verbraucher vor 20 Jahren kaum möglich, das Versicherungsangebot seines Versicherungsberaters mit den Angeboten anderer Gesellschaften zu vergleichen. Zumindest hätte es viele Wochen, wenn nicht Monate gedauert, bis man alle Vergleichsangebote per Post erhalten hätte. Heute genügt die richtige Internetadresse, und nach wenigen Klicks hat man alle Angebote der Versicherer auf einen Blick – und das noch kostenlos.

Wer mit Taschengeld auf Dauer Millionär werden will, muss sich um ausreichende Information bemühen. Dann lassen sich teure Geldfehler zu Beginn der eigenen Reichtumsstrategie ausschließen. Im Folgenden nenne ich Ihnen für verschiedene Geldthemen jeweils einige Internetseiten, über die Sie sich unbedingt vor künftigen Geldentscheidungen Informationen einholen sollten.

Versicherungen:

www.versicherungen.de

Auf diesen Seiten erfahren Sie, welche Versicherung Sie brauchen und welche nicht. Klicken Sie einfach auf die Bedarfsanalyse.

www.fss-online.de

Eine von vielen Versicherungsdatenbanken. Finden Sie den günstigsten Versicherer für die Versicherung, die Sie abschließen möchten.

Fonds:

http://fonds.onvista.de/fondsrechner

Wer bereits zu Beginn seiner Sparzeit wissen will, wann er über wie viel Geld verfügen wird, der kann sich hier informieren. Geben Sie individuell den jährlichen Zins, die Laufzeit, einmalige Sparbeträge oder monatliche Sparhöhe sowie Kosten ein und erfahren Sie, was dabei herauskommt.

www.fondsweb.de

Unter dieser Adresse finden Sie eine umfangreiche Fondsdatenbank mit vielen nützlichen Informationen.

Geldanlage:

www.fmh.de/zins/

Diese Seite kann ich allen empfehlen, die sich über günstige Zinsen informieren möchten. Hier finden Sie die günstigsten Zinsen unter anderem für Hypothekendarlehen, Autokredite sowie die besten Zinsen für Fest- und Tagesgeld.

Allgemeine Geldinfos

www.yomo.de

Ein prima Finanznavigator mit den besten Links für alle Geldfragen.

Viel Spaß beim Reichwerden

»Mit Taschengeld zum Millionär«. Das ist der Titel und die Botschaft dieses Buches. Kapitel für Kapitel ging es darum, zu zeigen, wie Sie mit kleinen Beträgen – eben mit Taschengeld – ein großes Vermögen, ja sogar ein Millionenvermögen aufbauen können. Eine Million oder die erste Million ist – die richtigen Geldstrategien vorausgesetzt – kein Problem.

Meine Botschaft an Sie lautet: Geld und der richtige Umgang damit macht jede Menge Spaß. Wer gelernt hat, richtig mit Geld umzugehen, schützt sich vor finanziellem Chaos und vor Schulden. Ich wünsche Ihnen, dass Sie spätestens ab heute Ihr Geld systematisch für sich arbeiten lassen. Dass Sie eventuell von der häufig anzutreffenden Gewohnheit, auf Kredit zu kaufen, Abstand nehmen und dass Sie Spaß am Sparen bekommen. Trainieren Sie täglich Ihre Fähigkeit, mit Spaß sparen zu können. Menschen, die lieber jeden Tag darüber nachdenken, für was sie wieder Geld ausgeben könnten, werden nie wohlhabend werden. Sparen ist und bleibt die wichtigste Voraussetzung für Reichtum. Dabei verspreche ich Ihnen: Wenn Sie sich einmal ans Sparen gewöhnt haben, wird Sparen irgendwann zur Gewohnheit und letztlich sogar zur Faszination. Napoleon Hill schrieb in seinem Bestseller »Die Gesetze des Erfolges« unter anderem: »Dinge, die wir ständig wiederholen, finden letztlich unsere innere Zustimmung.« Eine Geldregel gilt für alle: Finanzielle Unabhängigkeit, die erste Million, Reichtum und Wohlstand lassen sich mit Sicherheit niemals von Menschen erreichen, die nicht sparen. Wer dagegen einen großen Teil seines Einkommens spart, wer die richtigen Geldprodukte wählt und sich vor jeder Geldentscheidung sorgsam informiert, kann auf Dauer nur reich und wohlhabend werden. Ich wünsche Ihnen den bestmöglichen Erfolg. Entdecken Sie die Faszination des Geldes. Geld und der richtige Umgang mit Geld ist ein Erlebnis.

Die Botschaft der Gewinner lautet: Sparen Sie im Überfluss und tun Sie das, was andere reiche Menschen vor Ihnen getan haben.

Sie haben stets dafür gesorgt, dass sie mehr Geld einnehmen als ausgeben. Sie haben sparen gelernt, indem sie einen Betrag nach dem anderen sparten. Sie haben gelernt, Geld zu behalten und richtig zu investieren. Reichtum ist keine Frage des Einkommens. Deswegen ist es möglich, mit Taschengeld im Laufe der Zeit zum Millionär zu werden. Reichtum ist und bleibt immer nur die Folge davon, wie viel Geld Sie behalten! Entdecken Sie den Spaß, Geld zu behalten und sich vermehren zu lassen!

Ihr
Bernd W. Klöckner

P. S.: In diesem Buch habe ich Ihnen einige Geschichten aus der Praxis für die Praxis erzählt. Sollten Sie ebenfalls spannende Geldgeschichten zu erzählen haben, schreiben Sie mir diese an mail@berndwkloeckner.de. Bitte geben Sie mir gleichzeitig die Erlaubnis, Ihre Geschichte in künftigen Veröffentlichungen verwenden zu dürfen. Besten Dank im Voraus.

ANHANG

KLEINES GELDLEXIKON

Aktie

Mit einer Aktie eines Unternehmens sind Sie Mitglied dieser Aktiengesellschaft. Miteigentümer. Sie sind also am Gewinn und Verlust des jeweiligen Unternehmens beteiligt. Der Kurs einer Aktie setzt sich aus Nachfrage und Angebot zusammen. Hierzu ein Beispiel:

Anleger A hat 10 Aktien von Coca-Cola und möchte alle bei 40 Euro verkaufen, 8 Stück bei 39 Euro, 4 Stück bei 38 Euro und 2 Stück würde er noch bei einem Kurs von 37 Euro verkaufen. Anleger B hat noch keine Coca-Cola Aktien, will aber 10 Stück bei 37 Euro kaufen, 8 Stück bei 38 Euro, 6 Stück bei 39 Euro und 2 Stück würde er höchstens bei 40 Euro kaufen.

Kurs der Aktie	Anleger A Verkäufer	Anleger B Käufer	gehandelte Stücke
36 Euro	0	10	0
37 Euro	2	10	2
38 Euro	4	8	4
39 Euro	**8**	**6**	**6**
40 Euro	10	2	2
41 Euro	10	0	0

Der Makler, der so genannte Börsenmakler der Aktie, muss nun versuchen, den höchsten Umsatz (gehandelte Stückzahl) zu erzielen. Da bei einem Kurs von 39 Euro die meisten Aktien gehandelt werden, wird der Makler den Kurs bei 39 Euro »notieren«. Bei diesem Beispiel würde Anleger A 6 Aktien an Anleger B verkaufen.

Tipp: Investieren Sie in eine Aktie nur dann, wenn Sie wissen, was das Unternehmen macht, warum das betreffende Unternehmen erfolgreich ist und weiter erfolgreich sein wird. Investieren Sie niemals nur deswegen in eine Aktie, weil Sie irgendwo in irgendeiner Zeitschrift einen »Tipp« bekommen haben.

Anleihe
Es sind Sparbriefe, die mit einem festen Zinssatz ausgestattet sind. Sie werden meist wegen ihrer festen Zinszahlung als Renten bezeichnet. Die Geldanlage in Anleihen ist grundsätzlich sicherer als die Anlage in Aktien und Aktienfonds. Dafür ist der zu erzielende Gewinn über viele Jahre betrachtet, geringer.

Bausparen
Eine besondere Sparform, die zur Finanzierung von Wohnungsbaumaßnahmen (Neubau, Kauf, bauliche Veränderung, Modernisierung, Instandsetzung) dient. Bausparen wird staatlich gefördert. Für die Geldanlage über viele Jahre ungeeignet, da in der Regel nur niedrig verzinst. Eine individuelle Beratung ist wichtig um zu klären, ob ein Bausparvertrag sinnvoll ist oder nicht.

Börse
An der Börse werden die Wertpapiere und Aktien gehandelt. Hier treffen viele Käufer und Verkäufer von Wertpapieren und Aktien aufeinander. Diese Wertpapiere und Aktien werden über Makler, so genannte Börsenmakler, gekauft und verkauft.

Bundeswertpapiere
Vom Staat ausgegebene Anleihe, die an der Börse gehandelt wird.

Chart
Dieser zeigt den Kursverlauf der Vergangenheit in einem Diagramm. Die Kurse vieler Tage werden hierzu mit einer Linie verbunden. Chartanalysten versuchen daraus den zukünftigen Kursverlauf zu erkennen.

Depot

Als Depot bezeichnet man ein Konto, wo alle Wertpapiere, die man besitzt, deponiert, also hinterlegt werden. Das bedeutet: Wer mit Aktien handelt, trägt diese nicht bei jedem Kauf nach Hause und beim Verkauf wieder an die Börse zu einem Börsenmakler. Es wird über das Depot gehandelt.

Dispokredit

So wird der Kredit auf einem Girokonto bezeichnet. Die Botschaft lautet: Meiden Sie Kredite. Vor allem: Meiden Sie Konsumkredite. Wenn Sie etwas auf Kredit kaufen, kaufen Sie es mit dem Geld, das Sie heute noch nicht haben. Sie beleihen Ihre Zukunft. Dann bekommen Sie künftig Geld und müssen nicht nur laufende Ausgaben, sondern auch noch den Kredit zurückbezahlen. Vermeiden Sie Kredite. So verlockend die Werbung für irgendwelche Produkte auch klingen mag. Kaufen Sie sich die Dinge, die Sie unbedingt haben wollen, von dem Geld, das Sie besitzen. Überlegen Sie einfach einmal, wie viele Gegenstände bei Ihnen zu Hause herumliegen, die Sie vor einiger Zeit unbedingt haben wollten. Dinge, die teuer waren, die Sie aber nicht benutzen.

Dividende

Aktien bzw. Unternehmen schütten im Jahr eine Dividende aus, wenn Sie Gewinn gemacht haben. Diese Dividende bekommt der Anleger, da er auch zum Unternehmen gehört und somit auch Gewinnanspruch hat.

Festgeld

Als Festgeld bezeichnet man fest angelegtes Geld (daher FEST GELD) bei Banken mit einer Mindestanlagedauer von 30 Tagen und einem festen Zinssatz. Sie sollten über Festgeld Geld nur für kurze Zeit anlegen, da Festgeld nicht gerade die besten Zinsen bringt.

Festverzinsliche Wertpapiere

Anleihen mit festgelegtem Zinssatz.

Fonds

Ein Fonds oder Investmentfonds enthält viele Anlageobjekte, wie Aktien, Immobilien und Renten, die von einem Fondsmanager ausgewählt wurden. Diese Anlageobjekte richten sich auch noch nach der Fondsart, wo z. B. ein Aktienfonds größtenteils nur Aktien beinhalten darf. Ein Fonds streut das Risiko, weil er das Vermögen von vielen Anlegern hat und somit in viele Anlageobjekte investieren kann. Deshalb wird ein Fonds auch oft als großer Topf bezeichnet. Hierzu ein Beispiel:

Anleger A und Anleger B haben jeweils 100 Euro, die Sie investieren können. Anleger A entscheidet sich für eine Aktie à 100 Euro und Anleger B investiert in einen Fonds, der wiederum in 100 Aktien von 100 verschiedenen Unternehmen je 1 Euro investiert hat. Nach einem Monat geht das Unternehmen von Anleger A pleite. Er hat somit sein angelegtes Geld vollständig verloren. Bei dem Fonds von Anleger B ist auch ein Unternehmen der 100 Unternehmen Pleite gegangen, wobei hier noch andere Unternehmen bestehen. Würde er nun den Fonds verkaufen, würde er noch 99 Euro dafür bekommen. Das ist das Prinzip der Risikostreuung über Fonds.

Fondsmanager

Es sind Manager, die Investmentfonds führen und versuchen, die beste Rendite durch Kauf und Verkauf von Anlagegegenständen zu erzielen. Gegenstände sind zum Beispiel Aktien, Anleihen, Immobilien (Häuser, Grundstücke) und Edelmetalle wie Gold, Silber und Platin.

Fusion

Ein Zusammenschluss zweier Unternehmen. Schließen sich zwei sehr große Unternehmen zusammen, spricht man von einer so genannten Elefantenhochzeit.

Girokonto

Konto bei einer Bank zur Abwicklung des bargeldlosen Zahlungsverkehrs. Für Kinder wird dieses Konto auch schon angeboten, wobei Überweisungen und Bargeld abheben kostenlos sind.

Das Geld wird bei vielen Banken auch mit einem geringen Zinssatz verzinst.

Hauptversammlung

Das ist die Versammlung aller Aktionäre eines Unternehmens. Da jeder Aktionär Miteigentümer des jeweiligen Unternehmens ist, sind an der Hauptversammlung alle Eigentümer versammelt. Der Aufsichtsrat und der Vorstand des Unternehmens legen dann Rechenschaft ab.

Index

Mehrzahl: Indizes. Bekannte Indizes sind der Deutsche Aktienindex DAX oder der Dow Jones Industrial Average. Ein Index beinhaltet zur Darstellung einige Unternehmen, die zusammen mit ihren Kursgewinnen, bzw. Verlusten den Punktestand des Index bewegen. Zum Beispiel beinhaltet der DAX, **D**eutscher **A**ktien Inde**x** die 30 größten Unternehmen in Deutschland.

Inflation

Geld verliert mit der Zeit an Wert, was Inflation genannt wird. Meist merkt man es, wenn Güter und Lebensmittel teurer werden. Vor 40 Jahren kostete eine Portion Pommes frites noch 50 Pfennig, bzw. 25 Cent, heute schon über 2 DM, bzw. 1 Euro.

Kurs (Aktie)

Der Kaufpreis für eine Aktie, den man bezahlen muss. Der Kurs wird von einem Makler ermittelt.

Lebensversicherung (Kapital bildende Lebensversicherung)

Eine Versicherung, mit der eine Person bzw. deren Leben versichert wird. Dafür wird eine meist monatliche Prämie (so genannte Versicherungsprämie) entrichtet, die der Versicherungsgesellschaft zufließt. Am Ende der Laufzeit oder beim Todesfall der Person wird ein bestimmter Betrag an die Person oder die Hinterbliebenen gezahlt. Wird nur das Leben einer Person versichert (kein Kapitalaufbau und keine Auszahlung am Ende der Laufzeit), spricht man von Risikolebensversicherung.

Makler, Kursmakler

Ein Makler ist dafür zuständig, aus den Kauf- und Verkaufsaufträgen einen Kurs zu ermitteln. Die Aufträge treffen an der Börse ein und der Makler versucht dabei die höchst gehandelte Stückzahl zu ermitteln (siehe Stichwort Aktie).

Offene Immobilienfonds

Investmentfonds, die in Immobilien investieren. Das Geld ist nach bestimmten Grundsätzen der Risikomischung angelegt. Im Gegensatz zu so genannten geschlossenen Immobilienfonds ist der Vorteil gegeben, dass jedermann die Anteile jederzeit kaufen und verkaufen kann.

Order

So nennen die Börsenprofis einen Kauf- oder Verkaufsauftrag.

Rente

Regelmäßig gezahlte Zahlung, die monatlich, vierteljährlich oder in einem anderen Rhythmus erfolgt. Im Alter wird die gesetzliche Rente gezahlt, die aber in Zukunft nicht mehr für den normalen Lebensstandard reicht. Deshalb muss man schon früh mit dem Sparen beginnen.

Rentenpapiere

Überbegriff für alle festverzinslichen Wertpapiere, wie Anleihen, Staatspapiere.

Sparbriefe

Von der Bank ausgegebene Papiere, die mit einer bestimmten Laufzeit und einem festen Zins ausgestattet sind. Sparbriefe sind nichts für den längerfristigen Vermögensaufbau.

Sparbuch

Konto, das mit einer Verzinsung zwischen 1 und 3 Prozent ausgestattet ist. Das Sparbuch ist jedoch in der heutigen Zeit nicht mehr aktuell, da mit anderen Anlagen eine viel höhere Verzinsung erzielt werden kann und die Sparbuchverzinsung außerdem durch die Inflation wieder aufgezehrt wird. Zum Vergleich:

100 Euro über 30 Jahre mit 3 Prozent effektiv angelegt, ergeben rund 57 000 Euro an Vermögen. Zu angenommenen neun Prozent in einem international anlegenden Aktienfonds angelegt, bringen die 100 Euro monatlich ein Vermögen von rund 170 000 Euro.

Wertpapier
Urkunde, die einen bestimmten Wert hat. So werden die meisten Anlagemöglichkeiten genannt, z. B. Aktien, Anleihen, Fonds.

Zins
In Prozent ausgedrückter Wert, um den sich ein Vermögensgegenstand steigert. Dieser wird auf ein Jahr gerechnet.

FONDSEMPFEHLUNGEN

Wie in diesem Buch erwähnt, ist die Geldanlage in international anlegende Aktienfonds der wichtigste Baustein der privaten Vermögensbildung. Investieren Sie erst einen Großteil Ihres frei verfügbaren (Spar-)Geldes in solche international anlegenden Aktienfonds. Wenn Sie dann regelmäßig ausreichend sparen und zusätzlich über Geld verfügen, können Sie mit kleineren Beträgen auch ein wenig mehr spekulieren (zum Beispiel Investition in Neue-Markt-Fonds).

Internationale Aktienfonds

Dynamisch

Fondsname	WKN	5 Jahre	10 Jahre	20 Jahre
ACM Global Growth Trends	974264	18,8	17,3	–
DWS Vermögensbildungsfonds I	847652	25,4	16,3	13,9
Metzler Wachstum International	975225	8,1	–	–
MST Global Opportunities Fund	971800	17,7	–	–
SMH-International-UBS	848821	18,8	10,7	10,6

Quelle: 0700-666395463 (MONEYLINE), Wertentwicklung in Prozent pro Jahr

Basisinvestment

Fondsname	WKN	5 Jahre	10 Jahre	20 Jahre
Akkumula	847402	12,8	10,0	13,1
Fidelity International Fund	973269	13,6	–	–
FT Interspezial	847800	10,4	9,4	11,5
Morgan Stanley Global Value Equity	973399	16,1	14,8	–
Templeton Growth Fund	971025	16,5	14,2	13,3

Quelle: 0700-666395463 (MONEYLINE), Wertentwicklung in Prozent pro Jahr

Stand 31.10.01

Geldbücher, die man lesen sollte

Nicht alle Geldbücher halten, was sie versprechen. Die folgenden Geldbücher sind jedoch in jedem Fall eine sehr spannende, lehrreiche Lektüre. Weitere interessante, ausgewählte Veröffentlichungen finden Sie unter www.berndwkloeckner.de.

Bäurle, Robert: Ein Vermögen aufbauen, Markt + Technik

Zimmermann, Hans-Peter: Geld ist schön, apm Verlag

Fisher, Mark: Das innere Geheimnis des Reichtums, Verlag Hermann Bauer

Keeffe, Carol: Spar dich reich, Droemersche Verlagsanstalt Th. Knauer

Barnhart, Tod: Die 5 Schritte zum Reichtum, Econ & List Taschenbuch Verlag

Orman, Suze: Trau dich, reich zu werden, Campus Verlag

Kiyosaki, Robert T.: Reichtum kann man lernen, mvg-Verlag im verlag moderne industrie

Schumann, Hans Georg: Geld für Kids, mitp-Verlag

REGISTER

2-Jahres-Vermögen 87, 89
3-Minuten-Strategie 150
10-Prozent-Regel 21
14-Tage-Regel 66
30-Sekunden-Finanzberater-
test 153
Aktien 63, 75, 80, 101 ff., 106,
125 ff., 146, 149 f., 175 f., 178
Aktienfieber 107
Aktienfonds 64 f., 69, 71, 73,
75, 80, 83, 85, 95, 98, 102 f.,
128, 134, 141 f., 146 f., 176,
178
Aktiengeschäfte 103
Aktiengewinne 149
Aktienkurs 179
Aktienmärkte 63
Altersabsicherung 90
Altersvorsorge 112, 132, 142
Angst 78 ff.
Anlagebrater 140
Anlagedauer 102, 147
Anlagefehler 143 f., 148
Anlagestrategie 104
Anlagesystem 103
Arbeitslohn 62
Armut 79
Ausbildung 24, 151
Ausbildungsfinanzierung 145
Ausbildungsversicherung
145 ff.
Ausgaben 49 f., 53 f., 56, 64, 68,
77, 86, 94 ff.

Auszubildende 65
Bank(en) 15 f., 32 f., 58 f.
Bankberater 32 f., 51
Bankrott 55
Bargeld 52
Bausparen 125 f., 176
Begeisterung 109 f.
Beruf 109 ff., 151
Berufsunfähigkeit 151 f.
Berufsunfähigkeitsver-
sicherung 152
Berufswahl 110
Besitzgier 56
Bildung, finanzielle 19, 21
Bonus 139
Bonussparen 138 ff.
Börse 103, 108, 176
Börsengeschäfte 56
Börsenindex 74
Börseninformationen 107
Börseninvestitionen 101
Börsenkurse 150
Börsenmakler 175 ff.
Börsenstrategie 103
Bundeswertpapiere 125, 176
Chart 176
Chartanalysten 176
Crash 74
DAX 179
Depot 177
Deutscher Aktien Index 179
Dispokredit 53, 177
Disziplin 22, 25

Dividende 177
Dow Jones 74f., 179
EC-Karte 52
Edelmetalle 178
Elefantenhochzeit 178
Einkommen 21
Einmalanlage 10, 29, 39, 45,
  69f., 107, 114, 116, 119ff.,
  126, 128ff.
Einnahmen 49f., 53f., 56, 110
Erbschaft 28f.
Erträge 149
Erwerbsunfähigkeit 151f.
Erziehungsgeld 155
Fehlverhalten 156
Festgeld 125f., 177
Festgeldanlage 127
Finanzberater 32, 131, 138,
  153f.
Finanzierungsdauer 59
Finanzplan 122
Finanzprodukte 28, 131f., 154
Fonds 35, 101, 168, 178
Fondsmanager 178
Fondssparplan 131
Freiheit 26, 29, 52
Freiheitsvermögen 114ff.
Freude 60ff.
Freundschaft 133, 135f.
Freundschaftsgeld 135f.
Fugger 16
Fusion 178
Gefühle 78
Geldanlage 10, 27, 38, 54, 57,
  98f., 102, 104ff., 125
Geldbausteine 45
Geldbücher 167
Gelddisziplin 109

Geldentwertung 37
Gelderfahrung 133
Geldfalle 79
Geldfehler 89, 91, 132f., 158f.
Geldgedanken 17
Geldgefühl 10, 78
Geldgeschenke 129
Geldgesetz(e) 21, 50f., 53
Geldgespräch 158ff.
Geldgrundsatz 49
Geldhandel 15
Geldkenntnisse 56
Geld-Know-how 10, 13
Geldleiher 15, 62
Geldmanagement 56
Geldprogramm 53ff.
Geldprodukt 32
Geldregel 110
Geldschwächen 56f.
Geldschwierigkeiten 159
Geldstrategie 87, 93, 103
Geldtag 158f.
Geldtipp 97, 109
Geldunterricht 12, 28, 85,
  163ff.
Geldverhalten 53, 55
Geldverlust 40
Geldvermehrung 38, 44
Geldwissen 133, 141, 144
Geldzuwachs 39
Gewinn 34, 101ff., 125
Gewinn- und Verlust-
  rechnung 49
Gier 78ff.
Girokonto 15, 53, 177f.
Glück 60ff.
Gold 125f.
Hauptversammlung 179

Ideengeld 18
Immobilie 51, 59, 178
Immobilienfonds, offene
125 f., 180
Index 179
Inflation 11, 37 ff., 88, 125 f.,
179
Inkonsequenz 56
Internet 137, 154, 168 f.
Investieren 64, 115
Investitionen 80, 158
Investitionsbeträge 114
Investmentfonds 35, 54, 95,
103, 105 f., 110, 112, 147, 178
Jahreseinkommen 115
John, Elton 54
Kapital 91 f.
Kapitallebensversicherung
137
Karl V. (Kaiser) 16
Kaufkraft 37 f., 40, 56, 88
Kindergeld 83, 122
Kiyosaki, Robert T. 78
Konsum 57, 60, 64, 66 ff., 73,
77, 95
Konsumfaktor 68, 70 ff.
Konsumfalle 64, 87, 93
Konsumverzicht 64, 66
Kontrolle 156
Kredit 51, 57 ff., 79, 177
Kreditkarte 52, 87
Kursentwicklung 102
Kursmakler 180
Laufzeit 28, 72, 74, 80
Lebenseinkommen 20
Lebensversicherung 32,
131 ff., 147, 179
Leid 60

Leistung 25, 33
Loslassen 66 f.
Lust 60 ff.
Makler 180
Manhattan 43
Marktposition 150
Monatseinkommen 115
Münzen 16
Münzhandel 15
Neuer Markt 102
Online-Banking 16
Order 180
Pünktlichkeit 22
Raucher 98 ff., 166
Rechtschreibung 23 f.
Reichtum 25, 54
Reichtumsplan 114
Rendite 36, 68 ff., 80, 85, 88,
90, 97, 99 f., 106 f., 114 f.,
125 ff., 129, 134, 138 ff.,
145 ff., 153 f.
Rente 180
Rentenbeginn 90
Rentenpapiere 80, 180
Risiko 80
Risikolebensversicherung
146 ff., 152
Schmerzen 60
Schulden 26, 51, 53, 170
Schuldenberg 52
Schuldnerberatungsstelle 51
Schullaufbahn 24
Schwinnoch, Sabine 65
Sklave(n) 62, 78 f.
Sklaverei 61
Sorgen, finanzielle 26
Sparanreize 157
Sparbeginn 89, 112

Sparbeträge 114
Sparbriefe 176, 180
Sparbuch 34 f., 38 f., 63, 125 f.,
    129, 180
Sparen 66, 73, 77, 80, 87,
    110 ff., 115, 132
Sparfähigkeit 151
Sparguthaben 77
Sparkonto 15
Sparplan 45, 74 f., 138, 143,
    147
Sparraten 92, 116 ff.
Sparsamkeit 56
Sparschwein 67
Sparvertrag 109 f.
Sparzwang 157
Spaßgeld 85 f.
Stadtspeicher 15
Startkapital 130
Tagesgeld 32
Taschengeldbeträge 161
Teilauszahlungstarif 138
Trapeziten 15
Umsätze 149
Unabhängigkeit 26, 29
Unlust 60
Unternehmensbeteiligung 80
Verdoppelung 128

Verlust 101 ff., 112, 138
Vermehrung 11, 41
Vermögen 21, 28 f., 36, 63 f.,
    68 ff., 73 ff., 83, 86, 88 ff., 97 f.,
    100 ff., 105, 107 f., 112, 126 f.,
    129, 133 f., 137, 141 ff., 148 f.
Verschuldung 51
Versicherung 32 f., 168
Versicherungsmakler 152
Versicherungsvertreter 32
Veruntreuung 55
VIM-Formel 112
Visionen 26
Wechselstuben 15
Weihnachtsgeld 34
Wertentwicklung 74
Wertpapiere, festverzinsliche
    125 f., 177
Zahlengefühl 9
Zeit 9, 11, 29, 45, 151
Zeitaufwand 107
Ziele 26
Zins(en) 29, 32 ff., 38 ff., 45 f.,
    51, 58, 100, 127, 180 f.
Zinseszins 34, 36, 39, 100, 127
Zinssatz 36, 59, 68, 71, 128,
    176 f.
Zuverlässigkeit 22, 25

HIER LACHT IHR KONTO ...

14129

16273

16231

16327

GUT AUSGEDRÜCKT

16282

JOEL EDELMAN
MARY BETH CRAIN

Das Tao der Verhandlungskunst

Über den konstruktiven
Umgang mit Konflikten

16118

16262

WOLF W. LASKO

Personal Power – Mut zum Handeln

Wie Sie bekommen,
was Sie wollen

16166

Mosaik bei GOLDMANN

SO KOMMEN SIE VORAN ...

16267

16193

16309

16310

GOLDMANN

Das Gesamtverzeichnis aller lieferbaren Titel erhalten Sie
im Buchhandel oder direkt beim Verlag.
Nähere Informationen über unser Programm erhalten Sie auch im Internet unter:
www.goldmann-verlag.de

★

Taschenbuch-Bestseller zu Taschenbuchpreisen
– Monat für Monat interessante und fesselnde Titel –

★

Literatur deutschsprachiger und internationaler Autoren

★

Unterhaltung, Kriminalromane, Thriller
und Historische Romane

★

Aktuelle Sachbücher, Ratgeber, Handbücher und
Nachschlagewerke

★

Bücher zu Politik, Gesellschaft, Naturwissenschaft und Umwelt

★

Das Neueste aus den Bereichen
Esoterik, Persönliches Wachstum und Ganzheitliches Heilen

★

Klassiker mit Anmerkungen, Anthologien und Lesebücher

★

Kalender und Popbiographien

★

Die ganze Welt des Taschenbuchs

★

Goldmann Verlag • Neumarkter Str. 18 • 81673 München

Bitte senden Sie mir das neue kostenlose Gesamtverzeichnis

Name: _____

Straße: _____

PLZ / Ort: _____